Zur Erinerung an die Schlacht bei Custozza am 24. Juni 1866.
Gewidmet von den Veteranen-Vereinen Brixen, Innsbruck und Sterzing am 24. Juni 1891.
18 EXVOTO 60

SÜDTIROLER WALLFAHRTEN

Umschlagbild: Jugendwallfahrt nach
Heilig Geist im Ahrntal

Herausgegeben mit der Unterstützung
der Südtiroler Raiffeisen-Geldorganisation

1989

Gesamtherstellung: ATHESIADRUCK, Bozen
ISBN 88-7014-543-3

KARL GRUBER

SÜDTIROLER WALLFAHRTEN

Mit Texten von Hans Grießmair

VERLAGSANSTALT ATHESIA - BOZEN

Der Bischof von Bozen-Brixen

Bozen, 4. Oktober 1989

Zum Geleit

In Wallfahrten wird besonders deutlich, daß wir als Volk Gottes auf dem Weg sind.

Wallfahrten widerspiegeln ein Stück Glaubensgeschichte eines Landes und eines Volkes. Seit Jahrhunderten gibt es ausgeprägte Formen des Pilgerns. In unserer Zeit sind bewährte Formen aus der Vergangenheit lebendig und zugleich entwickeln sich neue Formen, in denen die Besinnung auf das Wort Gottes, die Betrachtung der Natur, das Erlebnis der Gemeinschaft gepflegt werden.

Wallfahren ist nicht nur Rückkehr zu den Quellen des Glaubens, wallfahren ist auch ein Weg in die Zukunft, ist Bemühen um Erneuerung: Wir überdenken die Geheimnisse des Glaubens und lassen uns vom Beispiel Mariens und der Heiligen bewegen.

Auf die Wallfahrt nehmen wir unsere eigenen Anliegen und auch jene der uns anvertrauten Menschen mit. Wir sehen und bewerten das Leben im Licht des Glaubens. Gottes Wort und die Feier der Geheimnisse helfen uns, das Leben zu bejahen und zu bewältigen.

Jesus, der Auferstandene, hat Menschen auf ihrem Weg begleitet. Er hat sich den zwei Jüngern auf dem Weg nach Emmaus zugesellt, er hat ihnen den Sinn des Lebens und den Sinn der Schriften eröffnet und mit ihnen Mahl gehalten.

Mögen unsere Wallfahrten zu Wegen der Begegnung werden: untereinander und mit Christus, der Weg und Ziel unseres Lebens sein will.

+ Wilhelm

Wilhelm Egger, Bischof

Zu Begriff und Geschichte der Wallfahrt

In diesem Buch wird Wallfahrt in einem sehr weiten, fast keine Grenzen kennenden Sinn verwendet, er umschließt die Fernwallfahrt und den heimischen Umgang an einem Wallfahrtsort, wendet sich aber hauptsächlich den Kreuz- und Bittgängen zu.
Die Bilder sind im Laufe vieler Jahre entstanden, notgedrungen kann nur eine Auswahl vorgelegt werden. Nicht alle Wallfahrtsorte sind gleichmäßig vertreten, ganz wenige gar nicht berücksichtigt. Auch das Wallfahrtswesen unterliegt wie alle Bereiche des Brauchtums einem steten Wandel, so daß diese Bilder ein willkommenes Dokument darstellen werden, wobei ja nicht die Kult- und Gnadenbilder, sondern die pilgernden und wandernden Menschen im Vordergrund stehen.
Ob es ein solches Buch braucht? Die Wallfahrten in unserem Lande sind keineswegs unerforscht, aber auch nicht gleichmäßig behandelt. Insbesondere haben hoffnungsvolle Ansätze von volkskundlicher Seite sich nicht zur Reife entwickeln können. Diese Einleitung will nur diesen weitverstreuten Arbeiten folgen und eine kleine Zusammenschau des Wallfahrtswesens in unserem Lande versuchen.

Wallfahrt, Pilgerreise, Kirchfahrt, Bittgang und Umgang, das sind Begriffe, die von Wissenschaftlern streng auseinander gehalten, im einfachen Volk und von den eigentlichen Ausübenden aber großzügig und fließend gehandhabt werden.
Anstelle von Wallfahrt und Pilgerreise wurde vor noch nicht langer Zeit der Ausdruck Kirchfahrt gebraucht, und man meinte damit vor allem die Einzelwallfahrt oder die kleiner Gruppen. Wenn eine oder mehrere Pfarreien gemeinsam einen entfernten Gnadenort aufsuchen, dann ist das ein Bitt- oder Kreuzgang, und wenn im eigenen Ortsbereich oder Pfarrgemeinde ein Heiligtum aufgesucht oder Heiltümer umgetragen werden, so ist dies ein Umgang.
Der peregrinus war im Altertum der Fremde, der freiwillig oder unfreiwillig Heimatlose; im Laufe des Mittelalters erhält das Wort die religiöse Bedeutung von Pilger. Auch wallen bedeutet pilgern. Der Humanist Aventinus gebraucht im 16. Jahrhundert die Begriffe Pilgerfahrt, Wallfahrt, Kirchfahrt gänzlich sinngleich. *„Das baierisch volk (gemainlich davon zu reden) ist geistlich, schlecht und gerecht, läuft gern kirchferten, hat auch vil kirchfart."*
In der Kirchensprache heißen Hochfeste und Wallfahrtstermine Konkurstage. Gegen dieses *„geläuff"* hat sich besonders Martin Luther gewandt.

Was ist Wallfahrt? Unter vielen Begriffsbestimmungen wird heute unter Volkskundlern gern die Definition von Rudolf Kriss († 1973), einem großen Kenner der religiösen Volkskunde, angeführt: „*Unter Wallfahrten versteht man die Wanderung zu einem bestimmten Kultplatz mit einem bestimmten Kultobjekt, das dort eine örtliche besondere Verehrung genießt.*" Etwas anders heißt es bei Anton Falger, der bereits 1846 eine Zusammenstellung der Wallfahrt des alten Tirol vorgelegt hat: „*Wallfahrten sind freiwillig unternommene Reisen, um Reliquien und Bilder des Heiligen Gottes zu besuchen und zu verehren, und zwar aus religiösen Absichten und vor allem aus dem Drange des Herzens nach Hilfe.*" Solche Gnadenstätten sind Kirchen und Kapellen, zu denen die Leute der näheren und ferneren Umgebung eine besondere Andacht hegen und wohin sie einzeln oder in Prozessionen kommen.
Der Wallfahrer oder Pilger verläßt seine engere Heimat und begibt sich allein oder mit mehreren an einen Ort, wo sich das Heilige oder Gott in besonderer Weise oder einfach durch die innere Erfahrung des Gnadenwaltens erahnen läßt. Die Heiligen wirken an Gottes Hilfe mit, auch lebende Menschen, die im Ruf der Heiligkeit stehen, werden aufgesucht. Die Christen betrachten es als Gnade, an solchen heiligen Stätten zu weilen und zu beten.

Wallfahrt setzt den Glauben voraus, daß übermenschliche, ja göttliche Kräfte an einem bestimmten Erdenort in auffälliger Weise hilfreich wirken, daß sich hier Himmel und Erde näher sind. Es kann dies auch eine Stätte sein, wo ein Heiliger gelebt hat oder wo sich sein Grab oder seine Reliquien befinden. So wallfahren die Hindu nach Mathurâ, dem Geburtsort Krishnas, die Griechen nach Eleusis, wo Demeter den Menschen die Ähre schenkte, oder nach Delphi, um von Apollo im Orakel göttliche Weisung zu erhalten. In Ephesos zog man zum Tempel der Artemis, wo die Göttin als Segenspenderin, von der „alles Gute kommt", besonders in Geburtsnöten verehrt wurde. Ein ganzer Monat war ihr geweiht und große Prozessionen wurden abgehalten. Selbst im Islam, der sonst keine Heiligenverehrung kennt, pilgert man nach Medina zum Grabe des Propheten.

So wie die außerchristliche hat auch die christliche Wallfahrt ihren Ursprung im Gedanken, daß sich das Numen, das Göttliche an bestimmten Orten, z. B. auf Bergen und an Flüssen und Quellen, mit Vorliebe äußere. Hinter den Zeichen, den Kultbildern verbirgt sich die wirkende Kraft der Gottheit, die auch aufgeteilt an mehreren Orten wirksam sein kann. Davon leitet sich ein wichtiges Phänomen des Wallfahrtswesens ab, nämlich die Verehrung von Reliquien, die z. B. auch der Buddhismus kennt.
Verwandt mit der Wallfahrt ist der Umgang, wo die Bildnisse der Götter über Land getragen wurden, um das Wohlergehen zu sichern. Die Römer geleiteten die Göttin Isis zum Tiber, um im Frühjahr den Beginn der Schiffahrt einzuleiten.

Das christliche Wallfahrtswesen hat seine Vorbilder im Judentum. Abrahm reiste auf göttliche Weisung drei Tage weit, um auf dem Berg Moria sein Opfer darzubringen (Gen. 22). Der Ort Bethel war durch Jakob geheiligt. Später ging man zu bestimmten Zeiten zur Bundeslade oder zum Tempel von Jerusalem, eine Wallfahrt, die auch Jesus selbst mit seiner Familie unternommen hat.

Die jüdische Tradition hat in der Entstehungsgeschichte der christlichen Wallfahrt einen starken Einfluß ausgeübt, auch Stätten des Alten Testaments wurden zu Wallfahrtsorten wie z. B. der Berg Sinai. Die Beweggründe des Wallfahrtens und Pilgerns waren im eigentlichen Wesen stets religiöser Art. Das christliche Volk hat immer so gedacht, wie es der Psalm (131,7) ausdrückt: *„Laßt uns dort anbeten, wo seine Füße gestanden haben"*, das bedeutet, daß im Heiligen Land und an den Wirkungsstätten der Heiligen das Menschenherz sich der Gnade Gottes stärker auftut. Die ersten Pilger gingen ins Heilige Land, um ihren Glauben zu stärken, wie Origenes sagt: *„Wir möchten dort sein, wo sich das alles zugetragen hat, was wir verkünden."*

Zuerst wurden die Stätten des Erdenlebens Jesu, sein Geburtsort und vor allem sein Grab zu heiligen Stätten und zu Wallfahrtsorten, und das Land seines Wirkens wurde zum Heiligen Lande. Zu den frühen und bedeutenden Pilgern gehören sicherlich Origenes († 254) und der Kirchenlehrer Hieronymus († 420).

Auch Frauen unternahmen die Reise ins Heilige Land, so die Kaiserinnen Helena und Eudoxia. Manchmal war es auch nur Neugier, wie von einer vornehmen Frau namens Silvia (358) aus Arezzo berichtet wird. Maria von Ägypten folgte den Pilgerströmen nach Jerusalem aus durchaus unangemessenem Antrieb, wie sie später in ihrer Lebensbeichte dem Altvater Zosimas erzählte. Sie konnte in Jerusalem nicht in die Kirche hinein, bis sie erkannte, daß es ihr bisheriger Lebenswandel war, der sie hinderte, vor das Kreuz des Herrn zu treten. In der Vorhalle der Kirche betete sie vor einem Marienbild: *„Laß mir die Tür öffnen, daß auch ich Sünderin das heilbringende Kreuz verehren darf."* Nun konnte sie die Kirche betreten, ging dann, von Maria angewiesen, in die Wüste, wo sie an die fünfzig Jahre als Büßerin lebte.

Die Legende der büßenden Maria soll hier nur aussagen, daß an Wallfahrtsorten auch die bloß Neugierigen und Gleichgültigen vom Hauch des Numinosen, des Göttlichen und Heilwirkenden angerührt werden.

Im vierten Jahrhundert werden durch die Religionsfreiheit Wallfahrten immer häufiger. So berichtet 315 der Bischof Eusebius, daß Pilger aus aller Welt nach Jerusalem strömten.

Die frühen Mönche machten einmal im Leben eine Wallfahrt ins Heilige Land. So waren viele Menschen unterwegs, was damals wie auch später im 18. und 19. Jahrhundert zu allerlei Mißständen führte. Gregor von Nyssa († 394) sah sich genötigt, das viele Wallfahren scharf zu rügen und zu verurteilen. Er meinte, Gott ist ja auch anderswo, und die Leute an den heiligen Orten sind keineswegs tugendhafter. *„Der Geist,"* sagt er, *„weht, wo er will, und die Gnadengaben werden nach dem Glauben ausgeteilt."* Gregor von Nyssa brachte deutlich zum Ausdruck, worauf es beim Wallfahrten immer ankommt: *„Wenn du voller schlechter Gedanken bist, so bleibst du weit von Christus entfernt, auch wenn du nach Golgatha, zum Ölberg oder zur Auferstehungsstätte pilgerst."*

Weiters ist das Wallfahrtswesen auch eng mit dem Reliquienkult verbunden. Erst zu Ende des 4. Jahrhunderts konnten Überreste von Menschen aus den Gräbern genommen werden, denn nach römischer Sitte durfte man kein Grab stören.
Die berühmteste Reliquie ist das Kreuz Christi, das, von der Kaiserin Helena aufgefunden, seit 360 auf Golgatha verehrt wurde. Mit den einsetzenden Pilgerströmen kamen auch Späne des hl. Kreuzes in alle Länder der Christenheit.
Nach der Auffindung des Kreuzes Christi suchte man weiter nach allen möglichen Erinnerungsstücken und auch nach unmöglichen, sogar nach dem Eckstein, den die Bauleute verworfen haben (Psalm 118, 22; Matthäus 21,42).
Als die Perser und dann die Araber Palästina eroberten, brachen die Pilgerfahrten ab, dafür erwachte der Wunsch, die Reliquien ins Abendland zu bringen. Im Laufe der Zeit, besonders aber während der Kreuzzüge, gelangten Teile des Kreuzes, z. B. sogar Reliquien des Blutes Christi nach Rom oder nach Aachen und bildeten alsbald das Ziel neuer Wallfahrten. Selbst das heilige Haus von Nazareth kam über Dalmatien nach Loreto. Von Maria gab es nur Berührungsreliquien, da sie nach dem Glauben der Kirche mit Leib und Seele in den Himmel aufgenommen wurde. Die Verehrung Mariens war damit hauptsächlich an die Bilderverehrung gebunden.

Nach der Lehre der Neuplatoniker nimmt das Abbild an der Realität des Vorbildes teil, sofern und je mehr zwischen Bild und Abgebildetem eine Ähnlichkeit und Vergleichsmöglichkeit besteht. Als solche Bilder auftauchten, mußten sie bereits ein legendäres Alter haben und vom Evangelisten Lukas oder von einem Engel gemalt sein. Die Marienbilder der Ostkirche stehen in dieser Tradition.
Im Westen war die Reliquienverehrung stärker verbreitet; die Marienverehrung wurde erst durch die Zisterzienser und Prämonstratenser und dann durch die Dominikaner und Franziskaner gefördert. Das Konzil von Trient (1545–1563) öffnete dann der Bilderverehrung so recht die Tür. Man sollte demnach den „*Bildern Mariens und der Heiligen Ehre erweisen, nicht im Glauben, daß in den Bildern etwas wäre, um dessentwillen sie zu verehren sind, sondern weil die Ehre, die man den Bildern erweist, sich auf die Urbilder bezieht.*“ Diese Einstellung war der Entstehung von Marienwallfahrten sicherlich günstig.

Auch außerhalb Palästinas entstanden alsbald Wallfahrtsorte, an den Gräbern der Apostel und in den Katakomben von Rom.
Aber auch zu anderen Zielen waren Menschen unterwegs, im Orient besonders zu lebenden Menschen, wie zum Einsiedler und Wüstenvater Antonius († 356) und zu den Säulenheiligen oder Styliten. In der Ostkirche waren Wallfahrten zu Lebenden auch in späterer Zeit häufiger, in der Westkirche finden sie sich selten, wie in unserem Jahrhundert z. B. zur Therese von Konnersreuth oder zum Padre Pio.
Nach christlicher Überzeugung erhört Gott an bestimmten Orten durch die Gnadenvermittler der Heiligen das Bittgebet, und die Wallfahrt selbst verstärkt durch die auferlegte Mühe das Bittgebet. Der hl. Augustinus († 430) sagt in einem seiner Briefe: „*Gott ist zwar überall und er, der alles gemacht hat, wird*

durch keinen Raum umschlossen oder begrenzt. Er muß von den wahren Anbetern im Geist und in der Wahrheit angebetet werden... Was nun aber die dem Auge des Menschen sichtbaren Dinge anbetrifft, wer kann da seinen Plan durchschauen, weshalb solche Wunder an dem einen Ort geschehen, an dem anderen aber nicht?" Nach nüchternen theologischen Auffassungen braucht es keine Wallfahrt. *„Wer nämlich nach theologischer Überlegung seine Bitten Gott dort vortragen möchte, wo er ihn besonders nahe und gegenwärtig weiß, der wird nie zu einer Wallfahrt kommen, sondern vor dem Tabernakel der nächsten Kirche haltmachen müssen"* (Bernhard Kötting).

Im Wallfahrtswesen scheinen mehrere Uranlagen des Menschen zum Ausdruck zu kommen, es hat daher als wichtiges Merkmal der Volksfrömmigkeit im Laufe der Geschichte und bei den verschiedenen Völkern oft recht sonderbare Formen und Früchte gezeitigt. Man hat ja immer wieder versucht, die Völksfrömmigkeit als unnütz wuchernden Trieb abzuschneiden. Volksfrömmigkeit und Wallfahrt gehen aber auf den Urgrund allen christlichen Glaubens zurück, daß Christus in die Geschichte eingetreten, daß Gott Mensch geworden ist. Gott ist als Schöpfer allem Geschaffenen und Seienden nahe und innig verbunden. Ja er hat auch als Erlöser auf Erden gelebt und gelitten und wirkt durch seine Kirche in den Sakramenten und in den Symbolen weiter. Die Heiligen wurden zu Fürbittern, die darin auch bestimmte Zuständigkeiten annahmen, was ja bei den Nothelfern recht sinnfällig zum Ausdruck kommt.
Das Fluidum des Wallfahrtortes, die Macht des Ungewöhnlichen, außerhalb der Alltäglichkeit Liegenden und das Gefühl der Gebetsgemeinschaft schufen die Grundlagen für Erhörungen und Heilungen. Besonders die gemeinschaftsbildende Kraft der großen Wallfahrten und Bittgänge sind kaum hoch genug einzuschätzen. Gemeinsamer Glaube und gemeinsame Heimat sollten auch gemeinsam sichtbar gemacht werden. So wurden die Wallfahrtsorte zu Nationalheiligtümern wie z. B. Tschenstochau für die Polen und ein Heiliger zum Nationalhelden, wie etwa Jakobus für die Spanier.

Wichtige Wallfahrten entstanden durch Erscheinungen, so des Erzengels Michael am Monte Gargano in Apulien und am Mont St. Michel in der Normandie und der Marienerscheinungen im mexikanischen Guadalupe (1531), in Lourdes (1858) und in Fatima (1917).
Im Mittelalter entwickelten sich auf abendländischem Boden insbesondere zwei große Wallfahrtsziele: Rom und Santiago de Compostela zu den Gräbern der Apostel. In der Blütezeit von Cluny war Santiago die größte Wallfahrt der Christenheit. Rom kam als Bistum des Nachfolgers Petri zum Rang als urbs orbis. Compostela löste im 13. Jahrhundert eine Massenbewegung an Pilgern aus, die als Jakobs- oder Muschelbrüder, durch Pilgerkleidung mit Stab und Kürbisflasche, die Muschel am Pilgerhut, Straßen und Herbergen bevölkerten. Die Kleidung des Jakobsbruders wurde die Pilgerkleidung schlechthin, so wie Jakobus zum Pilgerpatron wurde.

Beweggründe der Wallfahrt. Opfer und Andenken

Der hl. Bernhard von Clairvaux († 1153), der in seinem Leben viel unterwegs war, sagt, daß wir mehr in den Wäldern finden können als in den Büchern. Weg und Wanderschaft sind dem Nachdenken förderlich, weswegen Wallfahrten ja so oft in schweren Lebensentscheidungen angetreten werden. Auf dem Weg wird sich der Mensch auch der Bildhaftigkeit des Lebensweges bewußt, der nicht immer ein gerader und ebener Weg ist, der aber, auch wenn er an viel Schönem vorbeikommt, doch aus diesem Tal der Tränen führen muß hinauf zum himmlischen Jerusalem.
Nachhaltiger als sonst kann der Mensch die Ganzheit von Körper und Geist, den Leib als „Werkzeug und Werkraum der Seele" erleben. Die Wallfahrt wird zum heiligen Gehen, begleitet von feierlichem Gebet, wie man es noch altartig beim Ahrner Kreuzgang feststellen kann.
Die Kirche selbst betrachtet sich als „ecclesia peregrinans", als Gottesvolk auf dem Weg zum Heil. Das Zweite Vaticanum hat das Bild vom „homo viator" und dem Gottesvolk unterwegs wieder in helles Licht gerückt. Dieser Gedanke ist dem Alten Testament entnommen, samt der Vorstellung, daß der Mensch als Fremdling auf Erden unterwegs ist zur himmlischen Heimat, wofür Abraham und der Aufbruch der Israeliten Vorbild sind.

Die meisten Wallfahrten werden aus religiösen Gründen unternommen, in der Sehnsucht, die heiligen Stätten zu sehen, als Bitte um einen besonderen Gnadenerweis Gottes, als Dank für Erhörung oder auch nach altem Gelöbnis.
Es gab auch die Wallfahrt als Buße für begangene Missetat. Dafür haben wir auch aus Tirol Belege: Der Ritter Ulrich von Matsch sollte für den Mord an Abt Hermann von Marienberg (1304) mit einer Wallfahrt nach Rom sühnen, doch ereilte ihm schon vor der Abreise sein Schicksal. Ein Totschläger, Heinrich Kreutel von Niederdorf, mußte 1432 nach Rom und nach Einsiedeln pilgern. 1532 sühnte ein Mörder in Vinaders nebst anderem mit einer Wallfahrt auf den heiligen Berg (Andechs). Solche Sühnewallfahrten, die im Laufe der Zeit zu immer näher gelegenen Wallfahrtsorten führten, mußten öfters unter erschwerten Umständen z. B. nackt, d. h. ohne Oberkleid, oder barfuß durchgeführt werden.
Am Wallfahrtsort selbst hat der sühnende Pilger seine Vergehen gebeichtet und sich auch eine Bestätigung ausstellen lassen. Die zahlreichen Votivbilder und Weihegaben sind „ex voto", also aufgrund eines Versprechens und Gelöbnisses gespendet, um die Gebetserhörung öffentlich kundzutun.
An manchen bekannten Wallfahrtsorten, so auch in Weißenstein, wurden Mirakelbücher geführt, die alle Umstände des Gelöbnisses und der Erhörungen enthalten.
Für die Pilger, die fernere Ziele anstrebten, mußten unterwegs Herbergen bereitgestellt werden, besonders an Pässen und in öden Gegenden. So entstanden die Hospize, wie etwa Unsere Liebe Frau im Walde (1184), und 1117 bewilligte Kaiser Friedrich I. Barbarossa einen Markt in St. Ottilia bei Lengstein, *„zur Bequemlichkeit der Gott zu Lieb Pilgernden"*. 1456 stiftete Christina Kreutel zu Niederdorf im Gedenken an ihren Mann ein Hospital für Pilger.

Für diese zahlreichen Pilger wurden auch rechtliche Vorschriften besonders von seiten der Kirche notwendig, welche den Klerikern das Wallfahrten einschränkte. So hat die Synode von Friaul (796) den Nonnen das Wallfahrten streng untersagt, und Nikolaus Cusanus (1401–1464) hat als Bischof von Brixen verboten, ohne Erlaubnis des Pfarrers eine Wallfahrt anzutreten. Geistliche bedurften ebenfalls der obrigkeitlichen Genehmigung und sollten nur zu den altbekannten Wallfahrten wie Rom oder Santiago pilgern.
Nikolaus Cusanus stand dem Kirchfahrten nicht sehr wohlwollend gegenüber. Er hielt sich eher an den Satz aus der Nachfolge Christi: *qui multum peregrinantur, raro sanctifantur,* oder: viel wallfahren macht selten fromm. Vielmehr hat er den Gläubigen seiner Diözese ausschließlich die Wallfahrt zur Bischofskirche in Brixen anempfohlen.
Der Pilger genoß unterwegs einen besonderen Schutz, wie schon in der Lex Baiuvariorum angeführt ist, und sonst waren sie an eine gewisse Ordnung gebunden. Die Tiroler Landesordnung (1525) sagt: *„Was Pilgram oder Kirchferter sein, die sollen bey den Strassen das Allmuessen suechen, auch nicht über einen Tag sich an einem Ort, welche nicht Kranckheithalben verhindert werden, enthalten…“*
Es wird dann öfters anbefohlen, die Jakobs-Brüder, die sich fernab der Landstraßen aufhalten und manchmal ungebührlich scharfe Eisen an ihren „Pilgram Stäben“ tragen, wachsam im Auge zu behalten. Im alten Tirol kamen dann Einschränkungen besonders durch kaiserliches Verbot von 1772, womit alle Wallfahrten außer Landes und solche, die länger als einen Tag dauerten, untersagt wurden. Das Verbot war nicht gegen die Kirche gerichtet, sondern entsprang z. T. einer volkswirtschaftlichen Sorge. Man sah in den langen Wallfahrten eine Gefährdung des Hauswesens, von Zucht und Ordnung, wenn Menschen beiderlei Geschlechts in engen Herbergen übernachteten, und schließlich der Seelsorge insgesamt, da viele auswärts beichteten und die Unkenntnis der Beichtväter ausnützten usw.
Diese Verordnungen und Aufhebungen trafen manche Wallfahrtsorte schwer, in Südtirol z. B. Maria Weißenstein, aber auch das größte Marienheiligtum Österreichs, Maria Zell. Um dem Verbot Nachdruck zu verleihen, wurden Fahnen- und Kreuzträgern fünfzig Stockhiebe als Strafe angedroht.

In den Opfern, die am Gnadenort gespendet werden, kommen zunächst einmal Bitte und Dank zum Ausdruck, aber auch Spuren alten Rechtsdenkens, wie im Haaropfer und im Darbringen lebensgroßer Wachsfiguren, welche besagten, der Opfernde wolle sich dem verehrten Heiligen zu Eigen geben. So große Wachsopfer sind schon im alten Frankenreich bezeugt. So hat der fromme Herzog Sigismund eine Wachsfigur in Lebensgröße an die Kirche von St. Sigmund gestiftet und der Landrichter Johannes Prock vom Ritten eine Kerze seines Körpergewichts nach St. Pauls im Überetsch.
Bei freiwilligen Wallfahrten haben sich manche Pilger noch zusätzliche Lasten auferlegt, z. B. durch Kreuze, oder wie im Falle von Weißenstein, durch Steine, die durch das Brandental hinaufgeschleppt und oben zu einem Haufen geschichtet wurden.
Wichtig war die Berührung des Kultbildes; so hat man z. B. in Ehrenburg Kreuze in die Tafel der Ährenkleidmadonna geritzt, auch das Gnadenbild zu den Drei Brunnen in Trafoi wird berührt.

In diesen Bereich, er ist ausschließlich persönlich geprägt und entzieht sich den Kategorien des Geschmacks, fallen auch die Wallfahrtsandenken, die Bildchen, Statuen und Rosenkränze, die immerhin Weihe oder Fluidum des Gnadenorts tragen. Solche Pilgerzeichen gab es bereits im Mittelalter, und zwar als Massenware. Kein Geringerer als Johannes Gutenberg in Mainz hat solche 1440 für die Aachener Heiltumfahrt angefertigt. Den mittelalterlichen Pilgern dienten solche Zeichen, die man an Hut oder Kleid hefetete, auch als Schutz. Sie waren aber auch damals schon liebe Erinnerungen und Segenszeichen bei Krankheit für Haus und Stall, so wie heute das Lourdes-Wasser hochgeschätzt wird.

Die Jerusalempilger konnten Palmzweige, die Santiago Pilger Muscheln – echt oder aus Metall – als Andenken kaufen. Rom hat mehrere Pilgerzeichen, seit 1300 auch das Schweißtuch der Veronika mit dem wahren Antlitz des Herrn. Als Pilgerzeichen gelten auch die Zweige, welche die Wallfahrer unterwegs oder am Ziel abbrechen und auf Hüte, Fahnen oder Vortragkreuze stecken. Erwähnt sei hier das „Vierberglaub" der alten und geheimnisvollen Kärntner Wallfahrt; die Rittner Bauern holten sich Immergrünkraut im Gehölz unter St. Cosmas und Damian, wenn sie im Frühjahr ihren Bittgang nach St. Pauls hielten, und den Gadertalern stellen die Schwestern auf Säben reichlich Buchs bereit, damit die Antoniusmänner ihre Hüte zieren und auch bei der folgenden Fronleichnamsprozession als Säben-Waller erkenntlich sind.
So manches, wie das Durchkriechen durch Felsspalten, das Abschaben von Mörtel, mag von Ästhetikern und Intellektuellen als Aberglaube angesehen werden. Doch was ist schon Aberglaube? Es ist, so hat jemand gesagt, nichts anderes als das Zittern und Wabern der erwärmten Luft um die aufrechte Flamme des Glaubens.

Kreuzwallfahrten

Die Möglichkeit, das Kreuz des Erlösers im Ort seines Leidens zu verehren, war längst den meisten unmöglich geworden. Im Land Tirol gehen die meisten alten Marienwallfahrten und auch die Kreuzwallfahrten von Innichen und wohl auch die von Säben ins 14. Jahrhundert zurück.
Gerade um die Mitte dieses Jahrhunderts wurde Mitteleuropa von schrecklichen Katastrophen heimgesucht: 1338 überfielen Heuschrecken das Land, es folgten ein harter Winter und Hunger. 1339 erschreckte eine Sonnenfinsternis die Menschheit. 1348, am Feste Pauli Bekehrung, gab es ein Erdbeben, dem ganz Villach zum Opfer fiel, das so heftig war, daß in Trient und in Freising – wie ein Chronist schreibt – die Glocken in den Türmen zu läuten begannen, *„ein Erdbeben, wie es seit dem Leiden Christi keines mehr gegeben hat"*. Die Folge dieses Erdbebens waren Bergstürze, Überschwemmungen und wieder Hungersnöte. Da und dort wütete auch die Pest.

In diesem Elend gab damals nur die Religion Zuspruch und Hoffnung, in diesem Jammertal mit Blick auf das Jenseits notdürftig durchzuhalten. Das Kreuz war die Deutung des schweren Alltags und der harten Zeiten. Die Wallfahrt der Gadertaler nach Säben könnte eine Gelöbniswallfahrt auf besonders opfervollem Weg zu einem verehrten heiligen Kreuz sein. Das Ziel ist heute noch die Kreuzkirche und nicht das Marienheiligtum. Hermann Mang gibt als Wallfahrtsmotiv die Bitte um Abwehr von Heuschrecken, Getreideungeziefer und Rübenwürmern an. Solche Heuschreckenwallfahrten gab es mehrere. Bis zum Beginn unseres Jahrhunderts gingen die Olanger und Rasner nach Säben, nicht ohne auch beim Kreuz in Fronwies Einkehr zu halten. Im gleichen Anliegen gingen bis in unser Jahrhundert die Villnösser nach Heiligkreuz in Abtei.
Die Gadertaler sagen heute, die Säbener Jahre sind gute Erntejahre. Wirtschafliche Sorgen bildeten immer schon Anlaß zu gemeinsamen Wallfahrten, mehr als körperliches Leiden. Es tut der Achtung vor dem gläubigen Sinn der Gadertaler keinen Abbruch, wenn man ihre große Wallfahrt nach Säben nicht als Gang zum Grab des hl. Ingenuin, zur Mutterkirche und Wiege der Diözese, und im geschichtlichen Sinn nicht als Dank für die Gnade des christlichen Glaubens, sondern als Kreuzwallfahrt in argen Zeiten deutet. Der Pfarrer, der 1835 gegen argwöhnische Behörden, gegen kirchliche Obrigkeiten ankämpfte, die für volksfrommes Brauchtum wenig Verständnis zeigten, tat gut daran, die Wallfahrt als großes Glaubensbekenntnis hinzustellen und ihnen nicht mit Heuschrecken und Rübenwürmern zu kommen. Entscheidend ist nicht die geschichtliche Deutung, sondern die Auffassung der heutigen Teilnehmer; sie bekennen ihren christlichen Glauben, womit ja auch immer Freude und Dank verbunden sind.
Auch das Kreuz von Innichen wurde in Zeiten großer Drangsal besonders aufgesucht, manchmal auch umgetragen. Heute ist der majestätische Christus vielen wohl mehr ein ästhetisches Ergötzen als ein wirkliches Gnadenbild.
Von Kreuz- und Christuswallfahrten des 17. und 18. Jahrhunderts bestehen noch die zum Großen Herrgott in Agums, zum Heiligkreuz auf Fronwies sowie zu den hochgelegenen Gnadenstätten auf Raschötz, am Putzenkreuz, Latzfonser Kreuz und Heiligkreuz im Gadertal.
Kalvarienberge, Heiliggräber (Spinges, Wiesen) und der Herr im Elend (Stöcklvater) in Mühlbach sind Wallfahrten zu den Leiden Christi. Zu Dreifaltigkeit und Kreuz des Herrn nahm das Volk in schwerem Drangsal und bei Katastrophen Zuflucht.

Marienwallfahrten

Abgesehen von den ältesten Tiroler Wallfahrten, die zum Grab des hl. Valentin in Obermais und des hl. Romedius in der Waldeinsamkeit am Nonsberg führten, abgesehen auch von der Wallfahrt auf Säben, die Frauenkirche wird 1027 erwähnt, haben die meisten Tiroler Wallfahrten in der Zeit von 1250 bis 1420 ihren Ursprung, und zwar sind es hauptsächlich Marienwallfahrten. Die neuen Förderer der Marienverehrung hoben besonders die Mutter hervor, sei es die mit dem Kinde auf dem Arm oder die trauernde mit dem toten Sohn auf dem Schoß. In diese Zeit fällt die Entstehung der Wallfahrten in Unsere Liebe Frau im Walde, in Ehrenburg, in Riffian, in Aufkirchen, Kaltenbrunn, Trens, Unser Frau in Schnals und Waldrast. Aus „undenklichen Zeiten" sollen die Gnadenbilder von Bozen, Enneberg, Wilten und Cortina stammen. Nach der kurzen Unterbrechung in den Wirren der Reformation kam eine große Welle neuer Wallfahrten, die im 17. Jahrhundert ihren Höhepunkt erreichte. Wiederum nahm sich ein Orden, diesmal waren es die Serviten, der Wallfahrtsgründungen und der Wallfahrtsseelsorge an, in Waldrast und Weißenstein.

Hermann Tschiderer zählt in seinem Beitrag zum Tirol-Atlas über das Tiroler Wallfahrtswesen an insgesamt 89 Gnadenorten nicht weniger als 64 mit einem Bild oder einer Statue Mariens als Gegenstand der Verehrung. Am häufigsten kommt dabei das Maria-Hilf-Bild nach Lukas Cranach d. Ä. vor. Das im Jahre 1517 nach einer Ikone gemalte Bild brachte Erzherzog Leopold – vormals Bischof von Passau – 1619 nach Innsbruck, wo es seit 1650 ständig in der Domkirche St. Jakob aufgestellt ist. In folgenden Südtiroler Wallfahrtskirchen wird dieses Maria-Hilf-Bild verehrt: Zinggen, Lana, Maria Saal, Maria in der Schmelz, in Wolkenstein und auf Valiertegg.
Die meisten älteren marianischen Gnadenbilder in Tirol stellen die leidende Gottesmutter dar, sie werden als Pietà bezeichnet. Darunter versteht man das Vesperbild, eine Szene aus dem Leiden Christi zwischen Kreuzabnahme und Grablegung. Solche Marienbilder werden in Ehrenburg, Riffian, Aufkirchen, in der Eppaner Gleifkapelle, Untermais, Marienberg, Weißenstein und Innerpfitsch verehrt.

Die Schmerzensmutter wird meist mit einem oder mehreren Schwertern im Herzen dargestellt, nach Lukas 2,35: *„Ein Schwert wird deine Seele durchdringen."* Solche Wallfahrtsorte sind Kurtatsch und Latsch.

Eine große Anzahl von Marienbildern aus verschiedenen Jahrhunderten , z .T. von hohem künstlerischen Rang, zeigen die Gottesmutter mit dem Kinde und beide meist gekrönt, einige sind in späterer Zeit bekleidet und gekrönt worden (z. B. Enneberg, Trens, Trafoi). Solche Kultbilder sind die Moosmutter in Bozen, das Kind stillend; Ehrenburg (gestohlen), Tschengls, Freienbichl, Trens, Trafoi, Unser Frau in Schnals, Unsere Liebe Frau im Walde, Säben, Maria am Sand-Milland, Enneberg und Neumarkt.

Einige andere Kultbilder sind Kopien berühmter Mariendarstellungen: Mörre: Sassoferrato, Maria Rast: das verletzte Kultbild von Rè Vegezzo in Piemont.

Gesondert sind die Marienbilder von Pinè, St. Nikolaus in Kaltern zu betrachten. Im 17. Jahrhundert verbreitete sich infolge häufiger Wallfahrten nach Loreto, wo seit 1295 das heilige Haus von Nazareth verehrt wird, auch das dortige Marienbild, die schwarze Madonna. Durch die Lauretanische Litanei – erstmals 1558 in Augsburg gedruckt und viel gebetet – wurde ihre Verehrung ins Volk getragen. Nachdem Erzherzog Ferdinand II. das Loretokirchlein in der Haller Aue hatte erbauen lassen, folgten bald andere Heiligtümer, so in Bozen (1619), in Steinhaus (1700), Winnebach (1649), Maria Saalen (1652), Kalditsch, Salurn, Buchenstein (1679) und Klausen (1702).

Von der Muttergottes von Lourdes gibt es zwar viele kleine und große Statuen, auch in Grotten, aber die zählen nicht als Wallfahrten, obwohl sie örtlich hohe Verehrung genießen, wie z. B. bei den Kapuzinern in Bruneck. Maria Lourdes hat es in unserem Lande zu einer Wallfahrt gebracht, nämlich in Laas.

Wallfahrten zu Heiligen

im Vergleich zu den Marienwallfahrten, die von einer starken Kontinuität getragen sind, gibt es bei den Wallfahrten zu den Heiligen ein Schwanken, um nicht zu sagen: einen Niedergang. Das kirchliche Jahr kennt außer den Sonntagen und Hochfesten kaum noch Heiligenfeste, die eigenständig gefeiert werden, zumal die bäuerliche Lebensordnung keinen Bestand mehr und sich städtischen Lebensformen angepaßt hat.

Die alten Viehpatrone wie Leonhard, Silvester, Valentin, Antonius Abbas sind fast vergessen, die einst berühmte Wallfahrt zum „Heiratsvermittler" Antonius von Padua in Kaltern kann als abgestorben gelten. Wer kommt noch nach Piccolein, wer hält am verkehrsumbrausten „Tonignstöckl" in Rasen? Ein stiller Beter, dann und wann. Weil von Feuerwehr und Schützen zu Schirmherren erkoren, weil Umweltunheil und schleichend ansteckende Krankheiten auf unser wohlstandsgewohntes Volk doch noch Eindruck machen, werden St. Florian (4. Mai) und der hl. Sebastian (20. Jänner), der Pestpatron, noch hoch verehrt. Florianifeiern gibt es allenthalben, zu Sebastiani kommen noch viele Menschen etwa in Sarns, Sterzing, Gais und Luttach zusammen. Der hl. Josef, der Nährvater, seit 1772 Landespatron, hatte nie eine bedeutende Wallfahrt (Partschins, Josefsberg bei Meran, Zinggen), und die hl. Anna in Ahornach und Notburga in Eben werden noch in ihrer Pfarrgemeinde geehrt.

Neu sind die Wallfahrten in Oies (Abtei) und Milland, die durch die Seligsprechung des Steyler Missionars P. Josef Freinademetz ins Leben gerufen wurden.

Wallfahrtstermine

Die Kreuzwallfahrten werden vor allem in der Fastenzeit besucht, dann aber auch an den Festen Kreuzauffindung und Kreuzerhöhung. Der Kreuzgang der Ladiner nach Säben erfolgt alle drei Jahre, und zwar in der ersten Junihälfte. Früher fand der Bittgang alljährlich statt. Marienwallfahrten werden an den Marienfesten, am Schmerzensfreitag, in den Monaten Mai und Oktober aufgesucht.

Am Schmerzensfreitag: Aufkirchen;

Am Fest Maria Heimsuchung (2. Juli): Riffian, Maria in der Schmelz;

Maria Himmelfahrt (15. August) Weißenstein, Trens, Unsere Liebe Frau in Schnals, Unsere Liebe Frau im Walde, Kaltenbrunn;

Maria Geburt (8. September): Maria Rast, Enneberg;

Rosenkranzsonntag: Winnebach, Freienbühel, Trens, Riffian.

Die ersten Samstage im Oktober heißen „Goldene Samstage" und werden an den bedeutenden Marienwallfahrten, u. a. auch in Trens, durch Gebet und Andacht abgehalten.

Viele Kreuz- und Bittgänge sind in der Bittwoche, das ist die Zeit um Christi Himmelfahrt, angesetzt. Weil man diese Bittage als eine rein bäuerliche Angelegenheit betrachtet, als eine Bitte um gutes Wetter, um Abwendung von Hagel und Dürre, sind die Flurumgänge und Kreuzgänge, an denen nach altem Brauch aus jedem Hausstand wenigstens eine Person teilnehmen sollte, zusammen mit der bäuerlichen Bevölkerung auf ein Mindestmaß zusammengeschrumpft.

In Südtirol bestehen noch einige mehrstündige Kreuzgänge, die nicht in die Bittwoche fallen. Die Wallfahrt der Welsberger nach Enneberg wird Ende Mai abgehalten; am Magdalenentag (22. Juli) gehen die Schalderer zum Latzfonser Kreuz, die Ahrner am Vorabend des Dreifaltigkeitssonntags nach Heilig Geist, am gleichen Tage die Gsieser Pfarreien nach Aufkirchen, die Pfarreien des Gerichtes Sterzing am zweiten Samstag im Oktober nach Trens. Die Pfarreien des Gadertales (St. Martin in Thurn, Untermoi, Welschellen) am Dienstag in der Bittwoche zur altehrwürdigen Pfarre Enneberg. Die Gsieser, Taistner und viele andere am Samstag nach Christi Himmelfahrt nach Ehrenburg, die Oberwielenbacher am Samstag vor Rosari nach Maria Saalen.

An mehrtägigen Bittgängen bestehen noch der erwähnte dreitägige Kreuzgang der zwölf Gadertaler Pfarreien nach Säben, der zweitägige Ahrner Kreuzgang am Freitag und Samstag nach Christi Himmelfahrt zur Kornmutter nach Ehrenburg. Am 23. und 24. Juni geht die Pfarre St. Martin im Kofel nach Unser Frau in Schnals.

Während diese meist alten, in Lebensordnung und Arbeitsjahr des bäuerlichen Menschen begründeten Kreuz- und Bittgänge im religiösen Geschehen nur noch ein bescheidenes Dasein führen, entstehen neue Formen der Wallfahrt. Sie gehen nicht auf wundersame Legende oder alte Gelöbnisse zurück, sondern sind Ergebnis kirchlicher Organisation.

Das sind die Dekanatswallfahrten, wie sie in Bruneck, Sand in Taufers, Brixen usw. seit etlichen Jahren zu einem nahen Wallfahrtsort abgehalten werden, es sind ebenso die Jugendwallfahrten, die z. T. auch bei

Nacht mit Lichterprozession stattfinden; es gibt die Wallfahrt der italienischen katholischen Aktion nach Weißenstein. Als Diözesanwallfahrt darf man den Kassiansonntag in Brixen bezeichnen, wohin immer noch umliegende Pfarreien (z. B. Rodeneck, Schalders, Lüsen) „mit den Kreuzen" und viele Einzelwallfahrer aus umliegenden Tälern teilnehmen. Vor ein paar Jahrzehnten noch kamen Teilnehmer aus dem mittleren Pustertal mit dem Fahrrad nach Brixen, um an der legendär schönen Prozession mit den umgetragenen Heiltümern der Diözese teilzunehmen. Großereignisse waren Pilgerzüge nach Lourdes oder nach Rom, wie zur Seligsprechung des P. Josef Freinademetz (1975), oder die Teilnahme am Papstbesuch in Val Vistende und der Höhepunkt des Südtiroler Wallfahrtslebens der Papstbesuch in Weißenstein zusammen mit 40.000 Pilgern.

Es gibt auch Bittgänge, die in harten Ausnahmefälln stattfinden, bei Dürre oder anhaltender Nässe, auch in Kriegszeiten. Dann ziehen die Rittner zur Maria-Hilf nach Maria Saal, die Rodenecker Pfarreien zum Stöcklvater nach Mühlbach und die Enneberger mit umliegenden Pfarreien zum heiligen Kreuz auf Fronwies, und in Brixen werden die „heiligen Leiber" in Prozession umgetragen.
Außerordentliche Nöte oder Ereignisse erfordern auch außerordentliche Maßnahmen. Ein gewichtiger Beweggrund, eine Wallfahrt anzutreten, waren Krankheiten, wie z. B. die Pest. Hilfe suchte man beim hl. Sebastian, die Welsberger bei der mächtigen Gnadenmutter von Enneberg. Augenleiden waren in den rauchigen Küchen besonders häufig. Dagegen wandte man sich an die hl. Ottilia, aber auch an die heilenden Wasser und Brünnlein, wie es vor nicht langer Zeit in Haselried bei Pfalzen zu Augenwaschungen verwendet wurde.
Der hl. Erasmus auf der Kehlburg und auf Sprechenstein sollte gegen innere Leiden helfen, die hl. Anna in Ahornach wurde in allen möglichen weiblichen Angelegenheiten aufgesucht.
Am meisten lagen den bäuerlichen Menschen vergangener Tage Vieh und Feldfrucht am Herzen. Dementsprechend waren auch die heiligen Helfer ausgewählt und verehrt, von Antonius dem Einsiedler, dem Schutzherrn der Schweine, bis hin zum hl. Valentin, der meistens für das Kleinvieh zuständig war. Gegen Elementarschäden durch Feuer oder Wasser wird der hl. Florian angerufen.
Wie die einzelnen Heiligen zu ihrer „Zuständigkeit" gekommen sind, läßt sich nur auf weiten Wegen zurückverfolgen und nicht in allgemein schlüssiger Form aussagen. Meist ist der Schlüssel in den Nachrichten über den erlittenen Martertod oder in sonstigen Legenden zu suchen. Der hl. Sebastian z. B. wurde als kerngesunder, junger Soldat mit Pfeilen zu Tode gemartert. Was hat er mit Pest und Siechtum zu tun? Pfeile sind unter anderem auch Zeichen göttlichen Zorns und vernichtender Strafen für die Menschheit. In Homers Ilias schon schießt Apollo Pfeile auf die Griechen und verfolgt sie mit Pest und Tod. Die Pest war noch lange eine unerklärliche Heimsuchung und Strafe Gottes, und so ist Sebastian im Hochmittelalter neben Georg, Christophorus und Rochus zum Pest- und Seuchenpatron geworden. – Der hl. Florian, der in der Enns ertränkt wurde, verdankt sein Feuerpatronat wohl eher einer Verwechslung mit dem hl. Florinus von Matsch, von dem ein Pilger den Mönchen in einem Kloster Oberösterreichs erzählte. Antonius der Einsiedler wurde zum Schutzherrn der Haustiere, der Schweine besonders,

obwohl das Schwein zu seinen Füßen auf die Anfechtungen des büßenden Wüstenvaters und auf die Sündigkeit des Menschen im allgemeinen hinweist. Auch Maria hatte je nach dem Kultbild verschiedene Seiten der Zuständigkeit: die Schmerzhafte, Maria Hilf, Maria vom guten Rat, Maria Trost.
Das Opfer, die damit verbundenen Anstrengungen gehören zum Wesentlichen der Wallfahrt. So hat man sich in großen Anliegen auch ein entferntes und nur mühsam erreichbares Heiligtum ausgesucht. Anliegen und Opfer sollten in einem gerechten Verhältnis zueinander stehen. So war in Südtirol besonders Maria Weißenstein das Ziel vieler Wallfahrer, die von bitteren Nöten und innerer Drangsal heimgesucht waren. Der Weg durch das heiße und steinige Brandental hinauf war so recht geeignet, den Sinn des Erdenwallens als peregrinatio religiosa in seiner ganzen Spannweite anzudeuten.

Ursprungslegenden

Das einfache Volk rückte die Anfänge einer Wallfahrt gern in weite Zeitentiefen und umgab die Gründung mit allerlei Legenden, „je wunderlicher, desto respektabler". Denn wenn das Kultbild schon Gnaden und Hilfe von Gott vermittelte, dann mußten Herkunft und Ursprung außerhalb des Gewöhnlichen liegen.
Manche solcher Gründungslegenden berichten von Erscheinungen, bei denen Maria zu einem Kirchenbau ermunterte (z. B. Maria Saalen, Weißenstein).
Häufiger weisen Tiere die Stelle, wo ein Heiligtum erstehen sollte, die Vögel mit den blutigen Spänen kommen in der Gründungslegende von Unser Frau in Schnals und wiederum in Maria Saalen vor. Andere Weisungen für die Auffindung sind Lichter, wie etwa in Tschengls oder Ehrenburg.
Nicht selten ist auch das Motiv der Rückkehr, wonach ein Gnadenbild, offensichtlich gegen seinen Willen irgendwohin gebracht, nicht durch Schloß und Riegel zu halten ist und an den Kultplatz zurückkehrt. Damit will auch gesagt sein, daß der Ort, der Gnadenort, für die Wallfahrt wichtig ist. Das Gnadenbild von Heilig Geist entwich aus der versperrten Truhe und kehrte an seinen Platz zurück.
Auch das Motiv des Anschwemmens kommt in unseren Gründungslegenden häufig vor; Ehrenburg, wohin die Kornmutter aus dem Ahrntal geschwemmt worden sei, abermals Tschengls und Maria Saalen.
Der Teufel, Widersacher und Neinsager, geistert durch manche Gründungslegende, z. B. Spinges, wo er dem frommen Kuraten die Baupläne entwendete. Am häufigsten ist jedoch das Motiv des Dankes. Aus Dank für die Errettung aus Todesgefahren und anderen Nöten entstanden die Wallfahrten von Valiertegg, Maria Lourdes in Laas.

Es gibt auch noch andere Ursprungslegenden, die meist um das Kultbild kreisen: So blieb der Große Herrgott beim Brande von Innichen unversehrt; er hat nur geschwitzt. Als von Feuer unangreifbar gilt auch das Marienbild bei den Kapuzinern in Neumarkt, auf welches sich nicht einmal Fliegen hinsetzen. Andere Kultbilder vergießen Schweiß oder Tränen (Kurtatsch, Kaltern), worauf die Verehrung einsetzt.

Während viele Kreuzgänge noch Ausdruck alter bäuerlicher Frömmigkeit sind, bei denen immer Bitte und Dank im Vordergrund standen, entwickeln sich die althergebrachten und neuen Wallfahrten zum Bekenntnis christlicher Gesinnung. Allerdings kennt unsere Zeit und kennt unsere Jugend die Bedrohungen, die als Krieg, Hunger „und ökologische Pestilenz" (Ernst Schulin) uns jederzeit heimsuchen können. Was die Menschen auf heimischen Wallfahrtswegen oder auf Fernwallfahrten erfahren, ist die große, wärmende Gemeinschaft der Glaubenden. Nicht Hoffnung auf wundersame Erhörung oder Heilung bewegt die Kranken und Leidgeprüften, sondern die Zuversicht, mit dem Leid fertig werden zu können.

1

Die Anfänge der Wallfahrt nach Heilig Geist hinter Prettau sind uns nicht bekannt. Die Kirche wurde 1455 durch den damaligen Bischof von Brixen, Kardinal Nikolaus Cusanus geweiht; das ist die älteste schriftliche Nachricht.
Die Wallfahrt hat aber wohl schon früher bestanden, zumal die Dreifaltigkeit in schweren Zeiten, bei Pest und Unwetterkatastrophen angerufen wurde. Von solchem geballten Unheil wurde das Ahrntal im 14. Jahrhundert heimgesucht. Das Kultbild ist der Gnadenstuhl, eine kleine Schnitzerei aus dem 18. Jahrhundert, die heute in einem Schrank in der Mauer des Altarraumes sicher geborgen ist. Malereien aus der Hochgotik stellen das Pfingstwunder dar und erzählen vom Leben der hl. Ursula und des hl. Nikolaus, der als Meerfahrer damals noch Schirmherr gegen Lawinen und Wasser war. Verehrt wird auch ein Kreuz aus dem 18. Jahrhundert mit zwei Einschüssen an der linken Brustseite Jesu, der die Seitenwunde rechts hat. Um dieses Kreuz rankt sich eine Frevlersage, vom Teufelspakt eines Schützen, der auf das Kreuzbild schoß und dann mit Teufels Hilfe in Mittersill den ersten Preis in Gestalt eines Stieres gewann. An der Stelle des Frevels wurde der Schütze vom plötzlich störrisch gewordenen Vieh erdrückt. Dieses Kruzifix wird von den Prettauern bei der Wallfahrt nach Ehrenburg mitgetragen.

1
Die Wallfahrt nach Heilig Geist erfreut sich zunehmender Beliebtheit. Zu Silvester (31.12.) finden sich am Abend Beter ein, um im tiefen Dämmerdunkel des Winterabends im Schein eines bescheidenen Lichtes das Jahr ausklingen zu lassen. Am Pfingstmontag kommen die Prettauer mit den Kreuzen, dann lebt die Wallfahrt richtig auf.

2

2
Das Gnadenbild von Heilig Geist

3

4

5

6

3–6
Den ganzen Sommer über kommen neben den ungezählten Neugierigen auch richtige Pilger über den alten, mauerumfriedeten Tauernweg nach Heilig Geist. Dieser Teil des Pilgerweges wurde mit Kreuzwegstationen ausgestattet, die von den Jugendgruppen des Dekanates Taufers in Gemeinschaftsarbeit gestaltet wurden. Im Herbst 1981 hat Weihbischof Heinrich Forer den Pilgerweg eingeweiht.

7

7
Bischof Dr. Joseph Gargitter mit Generalvikar Dr. Josef Michaeler in Heilig Geist am 14. Juni 1976

8

9
Jugendwallfahrt im September 1987

11

12

10–12
In einem einst abgelegenen Winkel des Vinschgaues, am linken Ufer des Trafojbaches liegt Agums mit seiner Wallfahrt zum „Großen Herrgott".
Der Gekreuzigte, zu Beginn des 17. Jahrhunderts von einem jungen Hirten nach einem Vorbild aus der Zeit um 1400 geschnitzt und in die Kirche gehängt, ist über zwei Meter groß und trägt seinen Namen auch deswegen.
Ein Soldat hat ihm eine Kugel ins Herz geschossen. In den Jahren 1702 bis 1704 hat das Kreuzbild zum Staunen vieler Wallfahrer Schweiß vergossen. Daraufhin wurde das Bildnis wieder aus der Leichenkapelle geholt, wohin es 1680 überstellt worden war, und eine eigene Seitenkapelle wurde ausgebaut. Nach dem Kirchenbrand in Agums im Jahre 1971 stand der Große Herrgott vorübergehend in der Pfarrkirche von Prad.
Nach der auffallenden Erscheinung zu Beginn des 18. Jahrhunderts blühte die Wallfahrt rasch auf, 1736 wurde eine Heilig-Kreuz-Bruderschaft gegründet, an den Feiertagen in der Fastenzeit und an den Festen Kreuzauffindung (3. Mai) und Kreuzerhöhung (14. September) hatte die Kirche besonderen Zulauf.

Einst kamen an den Bittagen die Kreuzgänge aus den umliegenden Seelsorgen. Am Fest des hl. Georg, des Kirchenpatrons, wurde vor der Kirche ein Kreuzbild mit Opfertisch aufgestellt, wo die Roßbauern dem Pferdepatron zu Ehren opferten.
Die Vinschgauer Mütter kamen zum „Großen Herrgott", wenn sie sich für die noch ungeborenen Kinder eine bestimmte Haarfarbe wünschten.

13

14

13/14
Die große Jubiläumswallfahrt in Agums, 1933

15

15
Christus mit den Symbolen der vier Evangelisten am Südportal der Stiftskirche, 12. Jahrhundert

16

16
Blick über den alten Markt Innichen nach Osten. Conc. 469 (1. 6. 1987)

17

18

19

17–19
Wallfahrt der Kirchensänger nach Innichen, 1987

Von allen Kreuzwallfahrten des Landes ist Innichen die älteste. Die Legende erzählt sogar, der Klostergründer Herzog Tassilo III. hätte das Kreuz auf der Jagd am Innicher Kreuzberg gefunden. Der mächtige Christkönig (Höhe 2,20 m) ist zusammen mit den Assistenzfiguren Maria und Johannes um 1220 von einheimischer Kunstschule geschaffen worden und hat die verheerenden Brände von 1413 und 1554 unversehrt überstanden, vielleicht auch schon den um 1200. Beim Brand von 1413 hat man gesehen, wie Christus geschwitzt hat. Dieses starke Wunder in einer von Nöten und Drangsalen gebeutelten Zeit hat die Kreuzverehrung im allgemeinen und die Wallfahrt zum hilfreichen Heiland von Innichen nachhaltig gefördert. Von weitem, von Kärnten, Krain, Görz, Friaul, Laibach und Marburg an der Drau, kamen schon im 15. Jahrhundert große Scharen von Wallfahrern, gar nicht zu reden von den umliegenden Tälern und Ortschaften von Welsberg bis Lienz. Bei Bittgängen um Regen war man sich der Erhörung so sicher, daß man den Regenschirm gleich mitnahm. Besonders in Zeiten großer Not, bei anhaltender ungünstiger Witterung, in Kriegszeiten wie 1848, 1866 und 1914 wurde mit dem Kreuz ein Bittumgang gehalten, bei dem jeweils an die 8000 Beter teilgenommen haben. In Notzeiten wurden alljährliche Kreuzgänge und Opfer gelobt. So haben die Defregger seit der Zeit der großen Heuschreckenplage um 1340 alljährlich in der Karwoche Opferbrote nach Innichen gebracht, die „Kannbrote", weil sie dem Kirchenpatron Candidus geweiht wurden. Dieser Brauch wurde später in eine Geldspende umgewandelt und dauerte bis an die Schwelle unseres Jahrhunderts. Die Krainer Gemeinden schenkten alle drei Jahre Wachs und Geld als Opfer gegen die Würmer, womit Feldungeziefer gemeint ist.

Die Heilig-Kreuz-Bruderschaft war im 18. Jahrhundert nicht nur reich an Mitgliedern, sondern auch an Vermögen. Die nüchternen Aufklärer in der Zeit des Josefinismus lösten auch diese Bruderschaft auf und beschlagnahmten ersatzlos das Vermögen von 28.000 Gulden.

Die Wallfahrt zum Kreuz von Innichen hörte deshalb aber nicht auf, ebensowenig wie Not und Beschwer aufhörten.

20
Die weihevolle Krypta mit der Statue des heiligen Korbinian

21
Der Große Herrgott von Innichen, Detail

22

22
Hoch über St. Leonhard in Abtei, vor der mächtigen Steilwand des Kreuzkofels, steht die Kirche zum heiligen Kreuz. Die Sage erzählt, daß hier – um das Jahr 1000 – der Stifter des Klosters Sonnenburg, Graf Volkhold, in seinen alten Tagen als Einsiedler lebte. Der nährte sich vom Honig wilder Bienen, der von der Felswand troff, und eines Tages gewährte Gott ihm die Gnade, in den Schrofen Kreuz und Gerät für die hl. Messe zu schauen.

Erstmals wird eine Kirche hier um 1511 erwähnt; da der Turm aber aus einer früheren Zeit stammt, wird auch eine ältere Kirche anzunehmen sein. Das Gnadenbild ist der kreuztragende Heiland, der mit seinen Peinigern auf dem Altar der Kirche steht. Die Skulpturen entstammen dem 17. und 18. Jahrhundert. Im Spätherbst wird die Statue nach Abtei gebracht und in feierlicher Prozession umgetragen, im Frühsommer aber birgt die Kirche wieder ihr Wallfahrtsziel, zu dem immer noch viele Beter den zweistündigen Fußweg hinaufpilgern.

23

23
Jesus als Kinderfreund. Fresko von Matthäus Günther in der Pfarrkirche von Abtei, 1778

24

24
Der kreuztragende Heiland (Chel Bel Dì dla crusc)

25
Übertragung des Gnadenbildes von St. Leonhard in Abtei nach Heiligkreuz am 3. Juni 1989

25

26

28

27

27/28
Ein Wallfahrtszug aus St. Vigil in Enneberg im Juni 1989

29

29
Das Latzfonser Kreuz oder besser das heilige Kreuz in Ritzlar ist mit seinen 2296 m der höchstgelegene Wallfahrtsort unseres Landes. Der Sage nach hätten die Bauern von Gissmann am Ritten das Kirchlein erbaut zum Dank für Hilfe bei rätselhafter Viehkrankheit. Aber die Kirche ist erst zwischen 1867 und 1869 erbaut, früher stand ein Bildstock dort, der dem ursprünglich freistehenden Kreuz Schutz vor den Bergwettern bot. Es war von der Latzfonser Friedhofskapelle um 1700 als Wetterkreuz auf die Alm gebracht worden, um den Hirten und Mahdern ein Trost zu sein. Bald schon pilgerten viele zum „Kreuzvater". Am 15. Juni, St. Veit, dem Almfahrtstag wird die Kirche geöffnet, es wird den Sommer über öfters die hl. Messe gefeiert. Am Magdalenentag ist Almkirchtag, da kommen die Leute von weitem, auch vom Sarntal herauf.

30

30
Latzfonser Gerichtsumgang am 21. Juni 1986

31

31
Die Latzfonser beim Gerichtsumgang am 21. Juni 1986

32

33

32
Magdalenentag, Juli 1983, mit Nachprimiz von H. J. Rigger

33
Das Ziel der Wallfahrt ist in Sicht.

34

35

34
Das Gnadenbild in der kleinen Bergkirche

35
Der Latzfonser Gerichtsumgang erreicht Verdings.

36

37

36/37
Vorfrühlingsstimmung am Karfreitag beim Putzenkreuz, am Übergang vom Tschögglberg ins Sarntal. Ein verträumter Hirt soll ein Kreuzbild geschnitzt haben, das zuerst allein in der Waldeinsamkeit hing. Eine arme Frau schlief müde und vom Geiz der Leute enttäuscht unter diesem Baum ein und fand beim Erwachen ihren Hafen voll Schmalz. Diese Wundergeschichte verbreitete sich rasch. Besonderen Zulauf hatte das Kreuz am Tag der hl. Margareth (20. Juli), der Wetterherrin, was darauf hinweist, daß dieses Gnadenbild gegen Ungewitter angerufen wird.

Für ein ehemals freistehendes, viel verehrtes Kreuz aus der Zeit um 1600 wurde zuerst 1680 eine hölzerne Kapelle und dann 1731–1732 die heutige Kirche in Fronwies gebaut. Als in der kirchenfeindlichen Zeit des Josefinismus das Kreuz in die Pfarre gebracht und das Kirchlein gesperrt wurde, beteten die Wallfahrer draußen vor der versperrten Kirche. Sie birgt auch das Grab des berühmten Jesuiten und Volksmissionars Christoph Müller aus Brixen, der 1766 hier beigesetzt wurde. An den Fastenfreitagen kamen stets zahlreiche Wallfahrer aus dem mittleren Pustertal „zum Kreuz".

38
Zwischen der Wallfahrtskirche und dem stattlichen Widum steht noch das alte Pilgerhaus.

39

40

39
Das verehrte Kreuz auf Fronwies

40
Heiligkreuz auf Fronwies, dahinter die verschneiten Rieserferner

41 42

41
Blick von St. Valentin bei Villanders auf den Säbener Berg und die Plose

42
Säbenwallfahrt der Ladiner mit Diözesanbischof Dr. Wilhelm Egger am 17. Juni 1988

43

Der Säbener Felsen, bedeutender Siedelplatz und erster Bischofssitz unseres Landes, ist ein zweifaches Wallfahrtsziel. Eine frühe Kirche war dem hl. Kassian, dem Märtyrerbischof geweiht. Seit wann diese Kirche als Kreuzkirche und Wallfahrtsziel gilt, ist nicht bekannt. Als Bischof Ulrich von Brixen 1406 den Besuch der Kirche wegen bedrohlicher Baufälligkeit verbot, nannte er sie eine Wallfahrtskirche. Die Menschen pilgerten weiterhin nach Säben, 1436 sogar die Gräfin von Görz mit großem Gefolge. Bischof Georg ließ das altehrwürdige Gotteshaus wiederherstellen. Das Kreuzesbild, das heute auf die Beter schaut, stammt aus der Mitte des 15. Jahrhunderts und könnte aus der Meisterhand Leonhards von Brixen sein. Durch die Gründung des Benediktinerinnenklosters zum Heiligen Kreuz durch Matthias Jenner im Jahre 1685 blühte auch die Wallfahrt neu auf. Im 18. Jahrhundert war besonders die alljährliche Karfreitagsprozession mit über 300 Mitwirkenden ein Anziehungspunkt für viele Wallfahrer, denen die Darstellung des Leidens Christi tief zu Herzen ging. Im Jahre 1781 wurden alle diese Figuralprozessionen verboten. Die Kreuzkirche, die an der Außenmauer ihres nach Osten gerichteten Chores einen 12 Meter hohen Christus aufgemalt zeigt, war auch Ziel vieler Bittgänge, von denen heute der Kreuzgang der Ladiner berühmt und lebendiger denn je ist. Alle drei Jahre in der ersten Hälfte des Monats Juni kommen die „Antoniusmänner" aus den zwölf Pfarreien des Gadertales. In der Zeit, wo die Antoniuskälte den Feldfrüchten der Hochtäler gefährlich werden kann, die Wege über die Jöcher aber begehbar sind, vereinbaren die Kirchenvorsteher am „Pederoamarkt" den Tag für den großen Bittgang nach Säben. Die von Hochabtei ziehen über Campill, das Joeljoch und die Zanser Alm nach Villnöß, dorthin gelangen die vom unteren Tal über das Würzjoch und das Halsl. Von St. Magdalena aus ziehen alle gemeinsam nach St. Peter; voraus aber geht die Fahne von Heiligkreuz in Abtei.

43
Firmlinge aus Girlan besuchen Säben und besichtigen die Ausgrabungen am 7. Mai 1982.

44
Firmlinge aus Gröden auf Säben im März 1976

44

45

46

45/46
Fastenzeit 1988: Nächtliche Männerwallfahrt nach Säben
mit Besinnungsrast (statio) vor der Marienkirche

Drei Tage sind die Männer unterwegs. In Säben werden nach inniger Andacht Vortragskreuze und Hüte mit Blumen und immergrünendem Buchsbaum geschmückt, ehe man wieder den heiligen Berg verläßt und heimwärts zieht. Am Sonntag darauf erkennt man beim Kirchgang die Antoniusmänner am Buchszweiglein am Hut.
Es sagt über Alter und Ursprung der Wallfahrt nicht sonderlich viel, daß sie 1503 erstmals erwähnt wird, daß 1594 der Pfarrer von Enneberg klagt, nicht jede Familie entsende ein Mitglied zu diesem jährlichen Bittgang nach altem Gelöbnis.
In der Zeit des Josefinismus war dieser mehrtägige Bittgang wie so mancher Brauch verboten, die Ladiner wallten zum Heiligen Kreuz auf Fronwies, nicht etwa zu dem den meisten näheren Heiligtum unterm Kreuzkofel.
In welchen Anliegen pilgern die Ladiner nach Säben? In vielen Anliegen. Seitdem ein Pfarrherr 1835 den Grund darin sah, für die Gnade des Glaubens zu danken, wird der Kreuzgang gern als Bekenntniswallfahrt ausgegeben, was er zugestandenermaßen auch ist. Aber wohl kaum von seinem Ursprung her.
Die Wallfahrt geht doch in Zeiten zurück, wo es in Tirol keine Glaubenskriege und Religionszwistigkeiten gab.
Es ist recht unwahrscheinlich, daß im späten Mittelalter das einfache Volk so weite Wege unternahm, um für ein eher abstraktes Gut, den christlichen Glauben, zu danken. Viel eher geht es um ein Gelöbnis aus bitteren Notzeiten, um Frostgefahr und Heuschreckenplage, um Seuchen von Mensch und Vieh abzuwenden. Kamen doch auch die Anraser bis ins 17. Jahrhundert ins Pustertal, die Olanger gingen noch Anfang Mai des Jahres 1904 zu Fuß nach Säben, weil einstens Heuschrecken alles kahlfraßen.
Bittgänge umliegender Dörfer kommen am Markustag, die Klausner an den Fastenfreitagen. Säben mit seinen Kirchen wird das ganze Jahr über, insbesondere aber von einzelnen und kleinen Gruppen während der Fastenzeit aufgesucht.

47

47
Säbenwallfahrt der Katecheten mit Weihbischof Heinrich Forer am 12. April 1986

48

48
Die „Antoniusmänner“ aus dem Untergadertal auf dem Weg zum Würzjoch; im Hintergrund der Peitlerkofel

49

50

51

52

49
Das verehrte Kreuzbild auf Säben

50
Am Pilgerweg nach Säben: Bischof Wilhelm Egger mit den Pfarrern Merch Graffonara, Jakob Willeit und Franz Sottara

51
Gottesdienst in der Heiligkreuzkirche am 17. Juni 1988

53

53
Rast nach dem Gottesdienst an der östlichen Umfriedungsmauer des Säbener Felsens

54

55

54
Die Säbenwaller des Oberen Gadertales beim Aufstieg zum Kreuzjöchl

55
Die Untergadertaler am Grenzbach in Gunggán/Hinterlüsen

56

56
In der Schloßkapelle der Burg T a u f e r s steht ein ehrwürdiges Kreuz aus dem 13. Jahrhundert, und an allen Freitagen wurde dort die Messe gelesen. Aber auch in der Kapelle unterhalb der Burg wird ein Kreuz als wundertätig und hilfreich verehrt. Zu ihm pilgerte man hauptsächlich am Palmsonntag. Nach der Andacht wurde nach altem Brauch „geranggelt".

57

58

57
In der Pfarrkirche zum hl. Erzengel Michael in Brixen steht ein kreuztragender Christus. Das von stillen leidbedrängten Betern aufgesuchte Kultbild stammt aus dem 15. Jahrhundert, stand zuerst im Vorhof der Kirche und wurde nach 1739 in der Kirche aufgestellt.

58
Auf der 2200 Meter hoch gelegenen Raschötzer Alm zwischen Gröden und Villnöß steht die Kreuzkapelle mit einem verehrten Kruzifix. Jakob Christoph von Ingram aus Lajen hat 1755 die Kirche erbauen lassen. Am Wetterherrentag (26. Juni) kommen die Lajener im Bittgang um gutes Wetter.

59

59–62
Gottesdienst beim Mühlbacher Stöcklvater mit Predigt
von Missionar Matthias Gamper, 1987

60

61

62

63

64

An der alten Landstraße bei Mühlbach steht die Kapelle des leidenden Heilands am Graben. Das Ecce-Homo-Bild ist weitum als „Stöcklvater" bekannt und bei Augenleiden verehrt. In Notzeiten haben die Mühlbacher unter großer Beteiligung der umliegenden Pfarreien mit dem Stöcklvater Umgang gehalten. Früher haben auch die Wallfahrer nach Trens hier gerastet. Die Legende erzählt, ein Hütbub habe die Statue nach dem Vorbild des Christus auf der Wies, aber ganz klein, geschnitzt und in die Kirche gestellt. Am nächsten Tag war die Figur gewachsen und draußen am Graben, wo jetzt die Kapelle steht.

63
An der Außenwand die Darstellung Unseres Herrn von der Wies

64
Innenraum des „Stöckls"

65

66

65/66
Jerusalempilger waren im 17. Jahrhundert schon etwas Besonderes. Der Kurat Georg Stocker wollte aus eigener Anschauung eine Nachbildung der Grabeskirche bauen. Dreimal, so heißt es, mußte er die beschwerliche Reise machen, weil ihm der Teufel die Pläne entwendet hatte. Im Jahre 1685 konnte die Grabkapelle in Spinges fertiggestellt werden. Der selige Herr Jörg war ein frommer Seelsorger, der das religiöse Empfinden seiner Zeit verstand und das den meisten unerreichbare Jerusalem in die Heimat verpflanzte.

67

67
Anstelle älterer Fresken schuf Hans Peskoller 1929 die Darstellungen biblischer Gestalten im Sinne der Voraussage des Leidens Christi.

89

68
Im Bilde die doppeltürmige, neuromanische Herz-Jesu-Kirche in Bozen, deren Grundstein 1897 gelegt wurde. Es ist die Zeit der großen Jahrhundertfeiern im Gedenken an das Gelöbnis und die schweren Kriegszeiten. Tiefer im Bild der Dom, in dem das Bild des Herzens Jesu verehrt wird.

69

70

69
Innenraum der Herz-Jesu-Kirche

70
Das Gnadenbild wurde um 1770 von Karl Henrici gemalt. 1796 gelobten die Tiroler Landstände angesichts anrükkender Feindesscharen dem Herzen Jesu besondere Treue. Auch noch 1946 fand ein großer Bekenntnis-Umgang mit dem Gnadenbild statt. Sonst knien stille Beter vor dem Sakramtentsaltar, um ihren Herzenskummer dem gütigen Herzen Gottes anzuvertrauen.

71

71
In der Zeit, als die Türken das Abendland bedrohten und bis an die Tore Wiens vordrangen, war es nur wenigen und sehr mutigen Pilgern vergönnt, Palästina und die heiligen Stätten zu besuchen. Daher erwuchs in unseren Breiten der Wunsch, durch Kalvarienberge und Grabeskirchen die Leidensstationen des Herrn sinnfällig darzustellen. Zur Fastenzeit, vornehmlich in der Karwoche, werden diese Stätten aufgesucht. – Dekan Josef Rier von Bozen erklärt den Kindern den Sinn dieser Darstellungen. Frühjahr 1989

72

72
Die Heiliggrabkapelle in Wiesen, Karfreitag 1989

Die Heiliggrabkapelle in Moos, am Eingang ins Pfitscher Tal wurde im Jahre 1681 geweiht, hat die josefinische Aufhebung überdauert und steht auch heute noch fest im Rahmen volksfrommen Brauchtums. Besonders in den stillen Stunden des Karsamstags, der Zeit der Grabesruhe des Herrn, gehen andächtige Beter und Eltern mit Kindern zu den heiligen Gräbern, wo nur die Lichter hinter farbigen Glaskugeln den Raum erhellen, wo Christi Leichnam von Soldaten bewacht im Grabe ruht.

73

73
Ein Kreuzweg führt hinauf zum Kirchlein am Toten, der selbst wiederum eine wichtige Wegkreuzung für allerlei Wanderer und Almgänger ist, ins Sarntal, nach Villanders und zum Ritten. Die kleine Kirche, 1861 eingeweiht, birgt eine Kreuzigungsgruppe. Dann und wann findet am Toten auch Gottesdienst statt, an dem zahlreiche Almer und Talleute teilnehmen. Die „Goaßlschnöller" besorgen mit gekonntem Peitschenknall das „Zusammenläuten". Sommer 1988

74

75

74
Am westlichen Saum unseres Landes, am V a l i e r t e g g bei Reschen steht die Wallfahrtskapelle zu Unsrer Lieben Frau. Einem Bauer waren 1886 seine beiden Kinder mitsamt einem Heuwagen in eine Schlucht gestürzt, ohne Schaden zu nehmen. Nach einem Verlöbnis wurde die Kapelle gebaut und mit dem Mariahilfbild aus der Schlosserkapelle ausgestattet.

75
In dieser Waldeinsamkeit ist gut sein und läßt sich gut beten. Auch die Kleinen vom Kindergarten halten hier andächtige Einkehr.

77

78

76
Kaltenbrunn im Kaunertal war einst die beliebteste Wallfahrt der Oberinntaler. Vor Zeiten will man hier eine Himmelsleiter gesehen haben. Beim Brand von 1438 blieb die kleine, gekrönte Marienstatue mit Kind auf wunderbare Weise verschont. Berühmt war auch die Heilquelle, die einst aus der Brust einer Christusstatue floß. Heute noch zeugt die Wallfahrt der Langtauferer von der einstigen Ausstrahlung dieser Gnadenstätte.

77/78
Alljährlich im Herbst pilgert eine kleine Schar in vielstündigem Fußmarsch über die Jöcher nach Kaltenbrunn. Die Pilger aus Langtaufers am 11. Oktober 1987.

79

79
Das Gnadenbild von Marienberg. Alljährlich am dritten Sonntag im September wird in einem feierlichen Gottesdienst das Gedächtnis der Schmerzen Mariens begangen.

80

Auch Marienberg, die Abtei im oberen Vinschgau, ist ein Wallfahrtsziel. In der nahen St.-Stephans-Kirche stand einstens eine Pietà, die vom Volke hoch verehrt wurde. Inzwischen ist die Statue in die Klosterkirche übertragen (1938) und auf einem Seitenaltar aufgestellt. Heute freilich, wo Kultbilder eher Gegenstand ästhetischer Annäherung sind, zieht die liebliche Madonna im Tympanon des Hauptportals alles Augenmerk auf sich.

81

81
Marienberg birgt einen bedeutenden Schatz an romanischen Fresken. Die berühmten Engel in der Krypta haben für manchen der vielen Besucher mehr als nur kunstgeschichtliche Bedeutung, sie haben „Augen, die das Licht gesehen“ (Erich Kofler).

82

84

83

Wo die Straße von Trafoi zum Stilfser Joch hinaufzieht, steht einsam die Kirche Unsrer Lieben Frau zu den heiligen drei Brunnen. Auch hier weiß die Legende von Wundern in ferner Zeit: Ein Hütbub namens Moritz sah Wasserstrahlen mit Kreuzen aus der Erde sprudeln. Später fand da ein Holzfäller im Geäst eines Baumes ein Marienbild. So soll die Wallfahrt in das Jahr 1229 zurückreichen. Ein Bittgang ist erstmals 1526 bezeugt. Zuerst stand da eine hölzerne Kapelle; die heutige Kirche ist 1702 eingeweiht worden. Das Gnadenbild – Maria mit Kind, beide bekleidet und gekrönt – wird jährlich am Pfingstmontag in feierlicher Prozession, an der die Kreuzgänger aus Sulden, Stilfs und Trafoi teilnehmen, in die Wallfahrtskirche übertragen.

82–85
Wallfahrt nach Heilig Drei Brunnen; die Suldner ziehen an den rastenden Pradern vorbei, 1986.

86
Die Lichtenberger auf dem Weg nach Heilig Drei Brunnen

85

86

87
Schützen im Bittgang, 1986

88

88
Die feierliche Übertragung des Gnadenbildes am 8. Juni 1987

Nicht immer leuchtet der Himmel über Berg und Wald und der großen Beterschar. Am Pfingstmontag, dem 8. Juni 1987, als auch Bischof Wilhelm Egger an der Übertragung des Gnadenbildes teilnahm, fiel strömender Regen. Über das breite Bachbett ziehen die Pilger dem Kirchlein zu.

90

91

92

89–91
Es ist Brauch, das Gnadenbild in Andacht zu berühren, bervor es im stillen Heiligtum aufgestellt wird. In einer nebenstehenden Kapelle fließt aus drei Brunnenröhren das Wasser, das nur heilkräftig ist, wenn man von allen drei Röhren trinkt. Augen- und Frauenleiden führten einst viele Hilfesuchende zum heilenden Wasser. Aber auch bei widriger Witterung und gegen das wilde Wasser ging man zu Maria von den drei Brunnen.

92
Nur wer von allen drei Brunnen trinkt, wird der Gnade und Wirkung des heilenden Wassers teilhaftig.

93

94

93/94
In Laas besteht seit knapp hundert Jahren eine Wallfahrt zu Unsrer Lieben Frau von Lourdes. Nach einem Fuhrmannsunglück im Jahre 1885 errichtete man die kleine Votivkapelle, später die Kirche, wohin die Muttergottes feierlich übertragen wurde. Viele Beter in allen Nöten finden sich ein. Die Laaser kommen hierher, um Schutz vor dem Lahngraben zu erbitten.

95

96

97

95–97
Die gekrönte Marienstatue mit dem göttlichen Kind steht seit 1772 auf dem Hochaltar der Pfarrkirche von Tschengels.
Angeblich wurde das Bildnis in der Zeit der Religionskriege in den Rambach geworfen und dann in der Gegend von Tschengels aus dem Etschgeröll geborgen, nachdem Hirten ein ungewöhnliches Licht gesehen hatten. Das soll sich 1580 oder 1624 zugetragen haben. Nach dem letzten Brand malte Johann Matthias Pescoller das Bildnis im Schlußstein. „Maria erbaute sich das Haus 1925".

98

99

100

101

98–101
Jeweils am Fest Maria Namen (12. September) oder am darauffolgenden Sonntag wird in Schlanders in feierlichem Umgang Maria geehrt und ihrer rettenden Hilfe gedacht. Das Gnadenbild, Maria am Rain, das zur Krönungsgruppe über dem Hochaltar der Pfarrkirche gehört, wird während des Gottesdienstes mittels einer Schwebeleiter herabgelassen. Dabei erklingt das Lied:

Laßt Pauken und Trompeten tönen,
die Gnadenmutter steigt vom Thron.
Oh, Schlanders, welche Seligkeit,
sie selbst besucht dich heut.

Als im Vinschgau die Pest wütete, so wird erzählt, habe einst der Pfarrmesner die Marienstatue, die sonst in der Totenkapelle stand, auf den Stufen des Hochaltars beten sehen. Von diesem Tag an war die Seuche erloschen. Zum Dank übertrug man das Bildnis auf den Hochaltar.

Die heute gängigere Deutung oder Entstehungslegende erzählt von den Franzosen, die 1799 den Vinschgau herab vorrückten, kurz vor Schlanders aber wie von einer höheren Macht getrieben, das heißt durch die Fürbitte Mariens, den Rückmarsch antraten. Die Schlanderser gelobten, das Maria-Namen-Fest immer ganz besonders festlich zu begehen, und sie haben das Gelöbnis auch gehalten.

99
Festlicher Gottesdienst mit Dekan Josef Schönauer, Hermann Parth und Leo Tappeiner

102
103

102
Das Gnadenbild in Latsch ist die Pietà mit sieben Schwertern, es ist auf eine Marmortafel gemalt und steht am Seitenaltar der Pfarrkirche. Das im 17. Jahrhundert entstandene Bild kam angeblich bei einem Hochwasser an den Platz, wo 1713 die Brückenkapelle für das wundertätige Bild erbaut wurde. Am Schmerzensfreitag und am Weißen Sonntag war Umgang. Besonderen Zulauf hatte die Wallfahrt zur Zeit der Cholera 1836 und hat sie immer dann, wenn die Plima droht oder die Etsch anschwillt.

103
Stich aus dem 19. Jahrhundert mit Darstellung der Latschander und dem „gupfeten Stoan", 1558

104
Die Brückenkapelle

104

O liebes Kind wo gehst Du hin?
Wisse daß ich Deine Mutter bin.
Wer liebt Dich mehr als ich,

106

105–107
Zu den bedeutendsten Wallfahrten unseres Landes zählt Unser Frau in Schnals mit dem Hauptfest am 15. August. Das Gnadenbild ist eine nur 14 cm hohe sitzende Maria mit Kind. Das anmutige Schnitzwerk entstand um 1300. In einer schönen Monstranz hat es seinen Platz über dem Gnadenaltar der hochgelegenen Pfarrkirche. Ein Tafelbild berichtet anschaulich über die Ursprungslegende dieses Wallfahrtsortes. Zwei Pilger zogen des Weges und fanden im Gesträuch des heutigen Kirchbühels ein Marienbildnis. Sie übergaben es einem Bauern, aber das Bildnis kehrte wieder auf den Kofel zurück. Die Bauern wollten eine Kirche bauen, aber im Talgrund. Die Zimmerleute „verhackten" sich, und Vögel trugen die blutigen Späne hinauf und wiesen den Platz, wo der Sitz des Heiligtums errichtet werden sollte.
Auch im Gewölbe wird die Auffindungslegende dargestellt. Ein weißbärtiger Mönch hält das lichtumflossene Gnadenbild, zu dem ein Mann im Pilgergewand andächtig niederschaut. Die Wallfahrt blühte rasch auf, von weither kamen die Pilger. Im 15. Jahrhundert machte das Opfergeld jährlich an die 500 Gulden aus.

107

108

109

110

108
Fahnenblatt von Josef Wasmann. Es zeigt den Kampf der Tiroler gegen die Franzosen am Tartscher Bühel, 1799.

109/110
Die Ankunft der Wallfahrer aus St. Martin in Unser Frau, 1987.

111/112
Aus alter Zeit besteht noch der zweitägige Bittgang der Pfarre St. Martin im Kofl, der alljährlich zum Feste Johannes des Täufers unternommen wird. Die Wahl dieses Termins kann auch noch andere Wurzeln haben,

111

112

fand doch einst am Johannesabend in Unser Frau das „Viehschmücken" statt, ein Brauch, der nicht mit der Wallfahrt zusammenhängt. Zu Mittag des 23. Juni wird in der Kirche zu St. Martin „der Engel des Herrn" gebetet. Dann geht es hinauf zum Penaudjoch, wo während der Rast die Männer Speik pflücken, um der Muttergottes einen Kranz zu verehren. Nach siebenstündiger Wanderung gelangen die Pilger nach Unser Frau, halten kurze Andacht und nächtigen dann bei den Bauern. Am Fest des hl. Johannes ist um 10 Uhr Gottesdienst mit Opfergang. Den Wallfahrern aus St. Martin wird die Monstranz mit dem Gandenbild zum Kuß gereicht, bevor sie die Heimkehr antreten.

113

114

113/114
Das Hauptfest feiert Unser Frau am 15. August mit einem festlichen Umgang. Neben dem zum Umgang bereiten Gnadenbild halten gestandene Bauern – hier der Oberniederhofer und der Mastauner – in dunkler Gewandung die Ehrenwache.

115

116

115/116
Farbenprächtig bewegt sich der lange Zug mit Statuen und wehenden Fahnen – im Fahnenblatt rechts oben wieder die Auffindungslegende mit den beiden Pilgern – durch das Dorf.

117

117
Die Wallfahrtskirche von Riffian vor der Friedhoferweiterung

118
Der Hochaltar von Balthasar Horer mit dem Gnadenbild

Zu den älteren Marienwallfahrten in Tirol gehört auch Riffian. Die Pfarrkirche ist der Schmerzhaften Muttergottes geweiht. Die Pietà aus Gips wurde um 1400 geschaffen, doch schon 1395 sind Vinschgauer Pilger nach Riffian nachweisbar. Ein Eppaner mußte 1438 wegen verübter Gewalttat eine Bußwallfahrt nach Riffian unternehmen. Großen Zulauf erfährt die Schmerzensmutter am 1. Mai.

119/120
Über den schon in der Vita S. Corbiniani genannten Grenzbach, den Finelebach, nähern sich die Gratscher mit dem Kreuz. Neben den Kreuzgängen kommen immer auch kleine Gruppen von Betern in allen Lebensaltern.

120

121

122

121/122
Die Bauern vom hochgelegenen Tall auf der anderen Seite der Passer, die am 1. Mai 1987 ihren althergebrachten Bittgang unternahmen.

123
124

123/124
Beim festlichen Gottesdienst halten auch hier rot gekleidete Trabanten – im Bild der Obrist von Vernuer – die Ehrenwache neben dem Gnadenbild. Zünfte und Bruderschaften hatten das Recht, bei Prozessionen das Allerheiligste zu begleiten.

125

126

125
Über dem linken Ufer der Passer, zwischen St. Martin und Schweinsteg, aber zur Pfarre St. Leonhard gehörig, liegt der verstreute Weiler Mörre. Am Altar der 1848 neu erbauten Kirche befindet sich das Gnadenbild, ein um 1740 entstandenes Gemälde der betenden Maria von Sassoferrato. Nach der Legende kaufte der Bauerndoktor Matthias Pichler das Bild von einem marktfahrenden Händler und hängte es in seine Stube. Bald fanden Kranke, die zum Bauerndoktor kamen, auffallende Genesung, und so entstand die Wallfahrt. Bereits 1750 stand eine einfache Kirche. Das Hauptfest ist Maria Opferung am 21. November.

126
Verehrung genießt auch der Herr im Elend, der ebenfalls aus der Zeit um 1760 (Werkstatt des Anton Ferner) stammt.

127

127
Die Kirche Maria Trost in Untermais ist eine alte, seit 1273 zum Zisterzienserkloster Stams gehörige Pfarre. Die heutige Kirche wurde in den ersten Jahrzehnten des 14. Jahrhunderts erbaut und birgt wertvolle Fresken zum Marienleben aus romanischer und gotischer Zeit.
Das Kultbild, eine Pietà, wurde angeblich 1372 vom Hochwasser weggeschwemmt und 1624 wieder aufgefunden. Die Statue stammt aus der Zeit um 1530 und steht seit 1728 in einem Glasschrein über dem Hochaltar. In der Bedrängnis der Franzosenzeit wurde der Brauch der Dreißigenandacht eingeführt, eine tägliche Andacht zwischen dem Hochfrauentag und dem Fest Maria Geburt (8. September) bzw. Maria Namen. Am Samstag nach Maria Geburt wurde das Gnadenbild in Lichterprozession in die Meraner Pfarrkirche gebracht und am Sonntag nach feierlichem Gottesdienst wieder zurück. Bei dieser Gelegenheit fand das im Burggrafenamt beliebte Fahnenschwingen statt.

128
In der Kapuzinerkirche von Oberlana befindet sich das Gnadenbild Maria Hilf, eine der Nachbildungen des berühmten Cranach-Gemäldes in Innsbruck. Wo die Falschauer in die Ebene des Etschtales tritt, steht die Kapelle des Wasserheiligen Johannes von Nepomuk. Einst war da nur ein Schießstand, wo ein Kapuzinerpater 1641 ein Marienbild aufhängte, worauf die weltliche Stätte zum Heiligtum wurde. Kurze Zeit später vernichtete der Bach den Behelf, und es wurde eine richtige Kapelle aufgestellt. In der Zeit der josefinischen Kirchensperrungen wurde das Maria-Hilf-Bild in die Kapuzinerkirche übertragen. Aus ganz Tirol kamen Wallfahrer, insbesondere Frauen, um eine glückliche Geburt zu erbeten. Auch totgeborene Kinder wurden zur Taufe hergebracht.
Die Prozession am Hauptfest Maria Geburt, bei der das Gnadenbild umgetragen wird, wird seit 1667 abgehalten und zählt zu den traditionsreichsten und farbenprächtigsten im ganzen Lande.

128

9 130

129/130

Blick über das winterliche „Unsere Liebe Frau im Walde" (Senale), Conc. 477

Am alten Saum- und Pilgerweg über den Gampen liegt die Wallfahrt zu Unserer Lieben Frau im Walde. In dieser hochgelegenen Waldeinsamkeit (1432 m) erbauten fromme Mönche ein Hospiz für die Pilger und eine Kirche zu ihrem Seelenheil. Die Hospitaliter hielten zur Zeit der Kreuzzüge Kloster und Hospiz in Blüte, später übernahmen die Augustiner in der Au bei Gries die Seelsorge.

131

132

131
Bischof Joseph Gargitter liebt diesen Wallfahrtsort, hierher führte er am 11.6.1981 seine Mitarbeiter in der Kurie und feierte mit ihnen Gottesdienst.

132
Wand mit Votivtafeln behangen

133
Das Gnadenbild aus gebranntem Ton, Anfang 15. Jh.

In einer päpstlichen Urkunde aus dem 12. Jahrhundert wird für Unsere Liebe Frau im Walde bereits eine Marienkirche genannt. Die heutige gotische Kirche, die 1432 geweiht wurde, enthält auf dem barocken Hochaltar ein ganzes Programm der Verherrlichung Mariens, und mitten drin, in einem barocken Schrein, steht das Gnadenbild. Es ist eine gekrönte Muttergottes mit dem nackten Jesukind, das eine Birne in der Hand hält. Das Bildnis aus gebranntem Ton stammt aus der Zeit um 1430 und hat im Laufe der Zeiten viel Andacht, Leid und Freud gesehen. In Not- und Kriegszeiten wurde das Gnadenbild immer wieder feierlich umgetragen.

134

134/135
Im schönen Überetsch, zur Pfarre St. Pauls gehörig, steht mitten im Grün das Kirchlein Maria Rast. Infolge großen Andranges wurde es anstelle einer älteren Kirche erbaut und 1875 eingeweiht. Am 10. Oktober erfolgte die feierliche Übertragung des Gnadenbildes Maria Steinwurf, einer Kopie des berühmten Marienbildes von Re Vegezzo in Piemont. Der Legende nach warf 1494 ein zorniger, verzweifelter Mensch einen Stein an die Stirne der Gottesmutter, die sofort zu bluten begann.
Die Girlaner haben einen Bittgang nach Maria Rast. Im Hintergrund auf der Anhöhe die Gleifkirche, zu der durch die Weinberge der Pilgerweg mit Kreuzwegstationen hinaufführt.

135

136

136
Im motorisierten Zeitalter können sich die traditionellen Bittgänge nur noch mühsam behaupten.

137
Der Pfarrer von Kardaun feiert Gottesdienst mit den Senioren seiner Pfarre.

137

138

139

138/139
Im Dom auf dem Lande, der Pfarrkirche St. Pauls, befindet sich eine Pietà aus Steinguß (15. Jahrhundert), Maria mit dem toten Sohn auf dem Schoß und sieben Schwertern im Herzen. Auf einem Bild aus der ersten Hälfte des 19. Jahrhunderts wird eine große Prozession gezeigt, bei der die Schützen das Vesperbild tragen.

140
141

140
Wohl in fast allen Pfarreien gibt es eine Kirche oder Kapelle, in der das Bild der Schmerzhaften verehrt wird. Truden, Pietà aus der Zeit um 1400.

141
Die Lourdesgrotte mit Wasserquelle bei den Franziskanern in Kaltern

Es gab eine Zeit, in der die Grotte von Lourdes (Marienerscheinung 1858) in keiner Pfarre fehlen durfte.

142/143

Im Oberdorf von Kaltern, in der Kirche zum hl. Nikolaus wird seit der Mitte des 18. Jahrhunderts die mater dolorosa von Wallfahrern aufgesucht und verehrt. Es ist Maria in betender Haltung nach dem Gemälde von Sassoferrato. Paul Sölva hatte das Bild in seinem Hause, als man 1733 erstmals blutigen Schweiß – nach anderer Aussage waren es Tränen – an dem Haupt Mariens bemerkte. Die Kunde verbreitete sich rasch, die Tafel wurde zur allgemeinen Verehrung in die Kirche übertragen.

Die Wallfahrt wird vornehmlich bei Frauenleiden aufgesucht. Alljährlich am zweiten Sonntag im September geht die Pfarre Kaltern nach St. Nikolaus, und alle fünf Jahre ist zu Pfingsten ein feierlicher Umgang.

143

145

146

144
Blick auf die rebenbestandenen Fluren des Etschtales mit Kurtatsch und der Pfarrkirche zum hl. Vigilius, Conc. 385

145
Votivbild um 1890. Die Frau erfleht ein Lebenszeichen der Zwillinge, damit sie die Taufe empfangen können.

146
In Kurtatsch wird ebenfalls eine Schmerzensmutter mit einem Schwert im Herzen verehrt. Im selben Jahr, als in St. Nikolaus in Kaltern das Marienbild schwitzte oder weinte, nämlich 1733, sah ein Soldat, wie vom Bildnis Mariens Tränen flossen. Die Wallfahrt von Kurtatsch war zur Zeit der Cholera (1836) viel besucht. Das Hauptfest ist am dritten Sonntag im September.

147

147
Die schöne gotische Kirche in Vill mit dem Klosterhof

148
Unsere Liebe Frau in der Vill, die schöne, sitzende Madonna mit dem Kind auf dem Knie.

Statue vom Bildhauer Wilhelm Senoner gefertigt, 1986

149/150
Das Gnadenbild bei den Kapuzinern in Neumarkt

In der Kapuzinerkirche von Neumarkt genießt eine lebensgroße gekrönte Maria mit Kind als Gnadenbild große Verehrung. Die Statue stammt aus der ersten Hälfte des 16. Jahrhunderts und soll zu Beginn des Dreißigjährigen Krieges von Landsknechten ins Feuer geworfen worden sein, ohne zu verbrennen. Ein Kapuziner brachte 1620 das Bildnis von Böhmen nach Neumarkt. Maria wird hier besonders gegen Feuergefahr angerufen.

151
Darstellung der Marienerscheinung von Pinè

Noch im alten Tirol liegt der einst vielbesuchte Wallfahrtsort Pinè, der auf eine Erscheinung im Jahre 1729 zurückgeht. Lange Zeit hielten die Bozner alljährlich zu Pfingsten einen Kreuzgang nach Pinè.

148

150

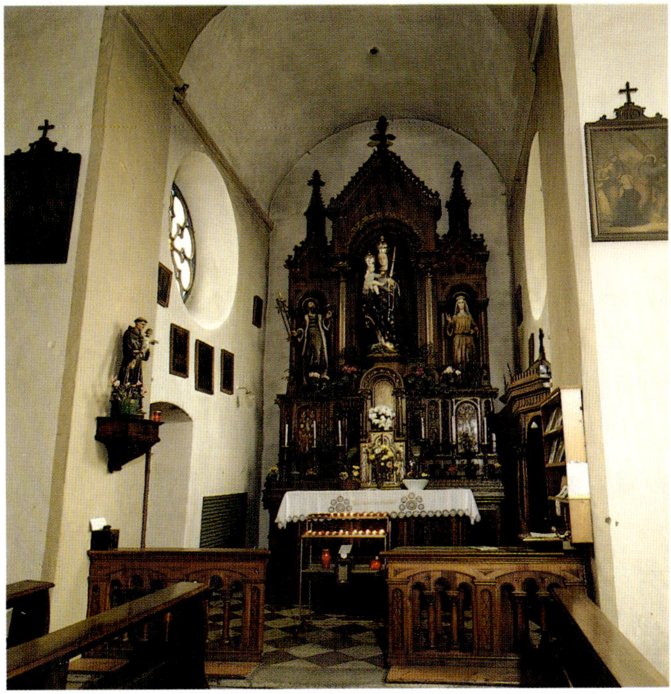

149

151

152 

152
Ein langer Pilgerzug bewegt sich zum großen Ereignis des Papstbesuches nach Weißenstein am 17. Juli 1988.

Von den Höhen des Reggelberges schaut eines der bedeutendsten Tiroler Marienheiligtümer weit ins Land. Die Legenden von Weißenstein kreisen um nicht gehaltene Gelöbnisse: der irrsinnige Bauer Leonhard, der nach der ersten Heilung die Kapelle nicht baut; die Karneider Ritter, die nach der Pest alle Versprechen vergaßen und als Geister geritten kommen; die Boznerin, die als Kröte wallfahrtete, aber nach sieben Jahren als Erlöste anlangte. – Der Beginn der Wallfahrt fällt in das Jahr 1533, der Bau der heutigen Kirche in das Jahr 1638; 1719–1722 errichteten die Serviten ein Kloster, um die vielen Wallfahrer seelsorglich zu betreuen. Nach der rücksichtslosen Aufhebung des Klosters im Jahre 1787 wurde das Gnadenbild, eine kleine Pietà aus Alabaster, nach Leifers übertragen, wo es sich heute noch befindet. Die Wallfahrt nach Weißenstein erlosch jedoch nicht, und 1836 kehrten die Serviten zurück und führten die Gnadenstätte zu neuer Blüte. Nach Weißenstein pilgerten die Menschen auf beschwerlichem Weg und trugen noch zur seelischen Last Steine mit. Für Weißenstein war kein Anliegen zu schwer, wie die Votivtafeln und Mirakelbücher bezeugen. Gemütskrankheiten und Frauenleiden, Heimkehr vom Krieg und wirtschaftliche Bedrängnis. In Weißenstein geweihte Loretoglöcklein halfen gegen Ungewitter.

153
Weihbischof Heinrich Forer bei der Feier des Festes Maria Schmerzen in Weißenstein am 20. September 1987

153

154

155

156

154
Das vielverehrte Gnadenbild von Weißenstein

Urbild und Abbild, nicht Echtheitsfragen sind hier entscheidend, sondern Vertrauen und Gnade.

155
Die Pietà aus Alabaster in Leifers

156/157
Beim Umgang tragen die Deutschnofner Schützen in ihren gelben „Hematern" das Gnadenbild, September 1987

158

159

158
Weißenstein, vor der Ankunft des Heiligen Vaters am 17. Juli 1988 (Conc. 596)

159
Jugendwallfahrt der Azione Cattolica, Ende Mai 1987, nach Weißenstein

160

160
Papst Johannes Paul II. und Bischof Wilhelm Egger bei der Auffahrt zum Heiligtum

161

162

163

161–163
Begrüßung, Ehrengäste, Gottesdienst

164
165

164
Der größte Tag in der gut dreihundertjährigen Geschichte des Wallfahrtsortes Weißenstein war der Papstbesuch am Sonntag, dem 17. Juli 1988. Johannes Paul II. verstand den Besuch als Wallfahrt und die meisten der Besucher wohl auch. Sie kamen aus allen Tälern und Landesteilen über alte und neue Pilgerwege zum Marienheiligtum.

Nun war er da, der lang erwartete Augenblick, der Heilige Vater war gelandet und fuhr in Begleitung des Diözesanbischofs im Geländewagen bis in die Nähe der Basilika. Nach der herzlichen Begrüßung feierte der Papst mit der großen Gemeinschaft einen festlich gestalteten Gottesdienst.

In der Predigt verglich Johannes Paul II. die Pilgerschar mit den Volksscharen, die damals zu Jesus kamen (Mrk 6,30-34). „Ihr seid aus allen Orten und Städten des Bistums Bozen-Brixen und aus benachbarten Diözesen hergepilgert, um Jesus Christus, dem Guten Hirten und Lehrer, zu begegnen." Er verwies dann auf das verehrte Gnadenbild von Weißenstein, die uns die Mutter zeigt, die noch unter dem Kreuz „ja" sagt. Dem Glaubensweg der Schmerzensreichen haben sich an diesem Ort viele Pilger und viele Mütter angeschlossen. „Viele sind heute hierher gekommen, um ihren Glauben an Gott zu bekennen und Maria zu ehren." Dieser Satz, in ladinischer Sprache gesprochen, bringt heutiges Wallfahrten sehr treffend zum Ausdruck. Vor dem Angelus-Gebet ging der Papst nochmals auf den Sinn der Wallfahrt ein. „In diesem Land gibt es noch viele Heiligtümer, die aus Dankbarkeit und Verehrung der Gottesmutter errichtet sind: Ich nenne stellvertretend für alle Maria Trens, Riffian, Marienberg, Unsere Liebe Frau im Walde, Maria Saalen. Ebenso gehören dazu auch die Domkirchen von Brixen und Bozen und viele Kirchen im Land. Viele Menschen pilgern und wallfahrten zu diesen Heiligtümern, um Gottes Erbarmen zu preisen und Maria, die Mutter Jesu, zu verehren..."

165
Die Familie Stuefer aus dem Sarntal beim Opfergang

166

166
Bei der Verabschiedung am Nachmittag. Rechts hinter dem Papst Altbischof Dr. Joseph Gargitter

167

167
Blick auf Bozen. Die Marienkapelle des Domes in der Bildmitte, Conc. 135

168
In der Kirche Maria Himmelfahrt, dem heutigen Bozner Dom, steht in getrennter Kapelle das uralte Gnadenbild Maria, die das Kind nährt, im Volke auch einfach Moosmutter genannt. Dieses steinerne Bildnis zählt zu den ersten Einrichtungen des ehrwürdigen Gotteshauses, das um 1300 erbaut wurde. Es heißt, ein Fuhrmann habe die Statue im Moos gefunden und nach dreimaliger eindringlicher Aufforderung auch geborgen.

168

169

170

171

172

169
Der Volksaltar von Bildhauer Michael Höllrigl, 1977

170–172
Die Stadtwallfahrt am 20. Februar 1988 mit der Verehrung des Gnadenbildes

173

174

173
Pietà aus der Zeit um 1400, früher am Kalvarienberg, jetzt im Dom zu Bozen

174
Das Gnadenbild Maria im Keller (der Name erinnert an die alte Bezeichnung von Gries) stand ursprünglich in der alten Grieser Pfarrkirche. Seit 1808 befindet sich Maria mit Kind auf einem Seitenaltar der Stiftskirche. Die Kellermuttergottes am Klosterportal.

175

175
In unserer Zeit entstehen neue Formen des Wallfahrens, Formen, die nicht an den alten Wunderglauben von einst gebunden sind. Sie werden vielmehr von kirchlichen Stellen angeregt, gefördert und organisiert. Im Bildungshaus der Diözese in Lichtenstern am Ritten, wo man sich von den Zielen her besonders der christlichen Familie annimmt, entwickelt sich eine Familienwallfahrt. Sie hat noch keine brauchtümlichen Termine, sondern richtet sich nach der Organisation. So war es auch am Sonntag, dem 24. Mai 1987. Die alte „Waldschenke" in Lichtenstern wurde 1949 vom „Verein für christliche Bildung" erworben und zu einem wichtigen Bildungshaus ausgebaut. Wohl mit Bedacht wurden hier auch die sterblichen Überreste von Josef Mayr-Nusser (1910–1945) beigesetzt. Als Kultbild ist eine Keramik von Maria Delago († 1979), Maria mit Kind, aufgestellt.

176

178

177

176/177
Familienwallfahrt in Lichtenstern, Ritten, am 24. Mai 1987

178
Maria Delago: Madonna mit Kind, Lichtenstern

179

179
Seit dem 17. Jahrhundert besteht die Wallfahrt in Maria Saal am Ritten. Auch die josefinische Sperrung hat ihr nicht viel anhaben können. Am Hochaltar der 1620 erbauten Kirche erhebt sich das Maria-Hilf-Bild nach Lukas Cranach in reichem Rahmen.

180

180
Die von Dr. Arch. Albert Torggler entworfene neue Kirche in Wolkenstein, Gröden

181

181
Die Wallfahrtskirche in Wolkenstein vor dem Umbau

Wolkenstein hieß einstens Maria in Salve. 1503 ließ Wilhelm von Wolkenstein eine Kirche erbauen, in welcher das Maria-Hilf-Bild von Pilgern aus dem ganzen Grödner Tal sehr verehrt wurde.

183

182
Die Liebfrauenkirche auf Säben mit den Ausgrabungen, 1982

183
Der Burgfelsen von Säben trägt nicht nur die altehrwürdige Kreuzkirche, sondern auch noch das älteste bekannte Marienheiligtum der ganzen Diözese. Schon um 1027 wird die Frauenkirche genannt. Von den Opfern der vielen Wallfahrer konnte 1652–1668 die neue Marienkirchė erbaut werden. Das Gnadenbild aus der Zeit um 1500 ist eine gekrönte Madonna mit dem Kind auf dem Schoß.

184–187
Hoch im Gewoge des Bergwaldes steht die kleine Wallfahrt Freienbichl (1769m). Möglicherweise heiligt sie eine alte vorchristliche Kultstätte. Das Kirchlein wurde 1813 anstelle eines früheren Bildstockes erbaut. Die Wallfahrer kommen hier das ganze Jahr über in verschiedenen Anliegen, früher besonders aber, um für Soldaten und

184

185

Vermißte zu beten. Maria am Freienbichl wurde auch die Heimkehrermutter genannt. Es ist eine gekrönte Maria mit dem Kind am Arm, ihr zur Seite stehen die Schutzpatrone von Afers, Jakobus und Georg.
Prächtig ist die Aussicht über Brixen bis hin zu den Zillertalern.

186

187

188

189
190

188
Die Ährenkleidmadonna in der Liebfrauenkirche am Kreuzgang in Brixen. Ein gleiches Bild auf Holz gemalt ist die Kornmutter von Ehrenburg, vgl. Bild 232

Maria im Ährenkleid soll hier mehrere Wallfahrtsziele in der Frauenkirche am Brixner Kreuzgang vertreten. Das Bild (1655) geht auf Vorlagen des 15. Jahrhunderts zurück, seine theologischen Wurzeln liegen im Alten Testament (Hohes Lied). Konrad von Würzburg (Die goldene Schmiede) nennt Maria eine Weizengarbe.

189/190
Kirche und Wallfahrt in Milland bestehen seit dem Jahre 1464. Auch das Gnadenbild, die gekrönte Maria mit Kind, stammt aus der Erbauungszeit der Kirche. In der Pestzeit 1635 hatte die Wallfahrt großen Zulauf, und vom Domklerus in der nahen Stadt wurde ein Pest-Bittgang veranstaltet. Der etwas einfältige Satz: „Maria am Sand, die Stärkste im Land," soll aus der damaligen Zeit stammen. Auch hier erzählt die Legende, die Statue sei aus dem Geröll des manchmal gefährlich wütenden Wildbachs geholt worden.

191

192

191
Auch nach dem Bau der neuen Kirche bleibt Maria am Sand miteinbezogen in das Geschehen der Pfarrei und wird noch stärker als Marienwallfahrt hervorgehoben. Zu Lichtmeß wird eine Lichterprozession abgehalten, und bei besonderen Anlässen bleibt sie Ziel des Umgangs.
7. Juni 1987.
In der Seitenkapelle finden wir noch eine Statue, eine gekrönte, sitzende Madonna mit Kind, vor der die Beter Kerzen anzünden, indes die „Stärkste" in „wunderfeiner Mütterlichkeit" (Hermann Mang) aus dem Strahlenkranz des Hochaltares schaut. In der Seitenkapelle hängt auch die Votivtafel des Tiroler Freiheitskämpfers und Abenteurers Peter Steiner, Kofler in Milland.

192
Der barocke Altar der alten Millander Kirche. Dem Marienbild zur Seite stehen die Bistumspatrone Ingenuin und Albuin. Die Deckengemälde stammen von den Barockmalern Franz Anton Zeiller und Peter Denifle.

193

193
Blick über Brixen. Im Vordergrund Zinggen und rechts das Vinzentinum, Conc. 230

194
Auch Zinggen, hart an der verkehrsreichen Straße, war zuerst eine schlichte Kapelle mit dem Bildnis der Maria Hilf. In den Kriegsnöten und Pestzeiten des 17. Jahrhunderts fand die Wallfahrt regen Zuspruch, und so wurde 1654–1658 die heutige Kirche erbaut. Das Gnadenbild über dem Hochaltar war bald über und über mit Votiv- und Weihegaben behangen. Brautleute und Studenten in Prüfungsnöten – auf der anderen Straßenseite steht ja seit 1876 die hochangesehene Bildungsstätte, das Vinzentinum – suchen bei Maria von Zinggen Hilfe. In diesem Heiligtum wird auch Josef, der Nährvater, sehr verehrt, deshalb sind in Zinggen Josefi (19. März) und der Skapuliersonntag und die Samstage der Fastenzeit die wichtigsten Wallfahrtstage. In Kriegszeiten wie 1797 und 1914 wurde das Marienbild feierlich umgetragen.

194

195
196

1

195
Die Anlage von Neustift. Links außen die alte Straße ins Pustertal, oben rechts die 1199 erbaute Engelsburg und in der Bildmitte die achteckige Marienkapelle. Conc. 962

196
Das Gnadenbild ist eine sitzende, gekrönte Maria mit Kind aus der Zeit um 1500. Die Marienkapelle wurde von den Baumeistern Delai ausgeführt und von Kaspar Waldmann ausgemalt.

197
Die Seminaristen und ihre Angehörigen bei ihrer Jahreswallfahrt nach Neustift, Frühjahr 1989

198 199 2

198
Traditionelle Himmelfahrtsfeier am 23. Mai 1975

Weil der schöne Brauch fast überall aufgegeben, im traditionsreichen Stift aber beibehalten wurde, gibt es am Nachmittag von Christi Himmelfahrt regen Zulauf, wenn die Statue des Auferstandenen zum sichtbaren Zeichen seiner „Auffahrt" durch das Loch im Gewölbe hinaufgezogen wird.

Stifte und Klöster oder ihre Schulen sind die Wiege so manchen religiösen Brauches, auch des Sternsingens, das einen Heischebrauch mit der Verehrung der Heiligen Drei Könige verbindet.

199
Die Heiligen Drei Könige. Buchmalerei, Neustift

200
Die Neustifter Sternsinger sind heute und seit Jahrzehnten wohl die berühmtesten im ganzen Lande. Am Nachmittag des Dreikönigsfestes findet als Schlußandacht eine feierliche Vesper statt, zu der auch viele Menschen von auswärts kommen, um sich am kunstreichen Gesang zu erbauen und zu erfreuen.

Feierliche Vesper mit Prälat Chrysostomus Giner am 6. Jänner 1989

201

203

202

201–204
Begünstigt durch die Lage inmitten Tirols, am Weg durch das verkehrsreiche Wipptal, zählt Trens sicherlich zu den vielbesuchten Wallfahrten unseres Landes. Eine Kapelle für Unsere Liebe Frau an der Lahn wird bereits 1345 erwähnt. An die 1498 geweihte Kirche wurde 1727 die heutige Gnadenkapelle angebaut. Das Gnadenbild ist eine (seit 1928) gekrönte Maria mit Kind und stammt aus der zweiten Hälfte des 15. Jahrhunderts; je nach den Festzeiten wird es in den liturgischen Farben gekleidet.

Sichtbares Zeichen der kräftigen Fürbitte sind die Reiterkapellen an den beiden Enden des Dorfes an der Landstraße. „Bis hierher und nicht weiter kamen die feindlichen Reiter" heißt es in Erinnerung an die Franzosenkriege.

204

205

205
Bischof Wilhelm Egger bei einem Wortgottesdienst in Trens am 15. August 1987

206
207

206
Ein neuerer Brauch ist die Fahrzeugsegnung am dritten Sonntag nach Ostern, wo sich bis zu 500 Motorisierte einfinden.

207
Trens hat seine Wallfahrtstermine an allen Marienfesten und besonders in den Monaten Mai und Oktober, wo am zweiten Samstag der Gerichtskreuzgang der Sterzinger Ortschaften stattfindet.
Die Wallfahrt Maria Trens hat im Laufe der Zeit viel Leid gesehen und viel Trost gespendet. Frauen kamen in Kindsnöten und brachten auch totgeborene Kinder zur Taufe (trotz strengsten Verbotes von 1498 bis 1870 bezeugt). Auch um Regen wurde hier in Bittgängen gebetet.

208

208
Das Kirchdorf Mareit mit der Pfarrkirche zum hl. Pankratius, darüber Schloß Wolfsthurn

209

210

209–212
Fast zu mächtig für die idyllische Landschaft ragt über dem Kirchdorf Mareit das barocke Schloß Wolfsthurn auf, das anstelle einer mittelalterlichen Burg um das Jahr 1730 durch Baron Franz Andrä von Sternbach erbaut wurde. Das Schloß wird noch von den Nachfahren des Erbauers bewohnt und die Kapelle als kostbares Heiligtum gehütet. Einmal im Jahr, am Rosarisonntag,

211

ist die Kirche öffentlich zugänglich. Dann wallfahrten die Mareiter über den Kirchsteig hinan oder durch die herbstliche Allee zur Rosenkranzkönigin in der Schloßkirche, wo der Barockmaler Matthäus Günther das Marienleben gemalt hat. Den Hochaltar ziert das Maria-Hilf-Bild in reichem Strahlenkranz.

ET REGINA

213

214

213
Das Deckengemälde von Johann Adam Mölckh (1753) nimmt offenbar Bezug auf das Gnadenbild, das Siechen und Gefangenen Trost bringt. Im Hintergrund erscheinen zwei noch jugendliche Pilger.

214
Die Pfarrkirche von Sterzing heißt Unsre Liebe Frau im Moos. Die alte, schon 1233 erwähnte Kirche bewahrt noch aus der Meisterhand des Hans Multscher (um 1458) die schöne, gekrönte Maria mit Kind, genannt Maria im Moos oder Maria Trost.

215

215
An den Bittagen ziehen die Mareiter und Jaufentaler mit den Kreuzen in die Pfarre nach Sterzing. Im Hintergrund die Einsiedelei Rust.

216
Dekanatswallfahrt 1988 in Sterzing

217
218

217
In der Sterzinger Pfarrkirche befindet sich auf der Empore neben der Orgel das Gemälde der Mater gravida, der hoffenden Maria, in seltener Ausführung

218
Auch einzeln, in Familien und kleinen Gruppen vollzieht sich Wallfahrt.

219
220

219/220

Die Palmprozession in Sterzing am 23. März 1986

Die Verarmung an Brauchtum läßt das noch Verbliebene stärker hervortreten, allerdings auch mit Gefahr und Schaden, daß viele nur zum Schauen kommen und sich für Sinn und religiösen Inhalt als ganz und gar unzugänglich erweisen. Am Palmsonntag ist in Sterzing großer Zulauf, wenn die bändergeschmückten Palmbuschen auf möglichst hoher Stange den Einzug des Herrn in Jerusalem begleiten.

221

222

221–223
An der alten mittelalterlichen Landstraße und auch noch an der Reichstraße zu Zeiten Metternichs steht nach St. Sigmund das „Stöckl" mit der Schmerzensmutter. Das im Jahre 1680 erbaute Kirchlein löste ein älteres Bauwerk ab. Das „Stöckl" steht jetzt wieder wie neu da und bewahrt schöne Fresken von Josef Anton Zoller, 1766, welche das Leben der Esther, einem alttestamentlichen Vorbild Mariens, darstellen. (Conc. 962)

223

224

224
Nachdem die alte Wallfahrt in der Kirche zu Beuren längst erloschen ist, hat die Schmerzensmutter im „Stöckl" viel Trost gegeben. Die Obervintler kamen früher jeden Samstag hierher, heute findet noch am Schmerzensfreitag von der Pfarrkirche aus ein Kreuzgang statt.

Die spätgotische Pietà, 1520, das Wallfahrtsbild in der Nische des alten Stöckls. Beim Krapfenbichler, in der Nähe des Dorfes, befindet sich eine Kapelle, wo die Schmerzhafte vom näheren Umkreis verehrt wird.

225
226

2

225/226
Ehrenburg hat mit der Kirche zu Unsrer Lieben Frau und der „Gruft“ eine bedeutende alte Marienwallfahrt. Um 1370 hat Graf Stephan Künigl eine Kirche erbauen lassen, aber die Heidengruft soll der Überlieferung nach bereits 472 bestanden haben. Das uralte Kultbild, eine Pietà, wurde 1975 von ruchlosen Räubern entwendet.

227
Ehrenburg: Schloß, Kirchhügel und Hinterbichl (Conc. 394)

228

229

230

228–230
Das ganze Jahr über kommen Wallfahrer zur Kornmutter, besonders in den Tagen der Bittwoche ziehen viele Pfarreien ringsum – und sogar von Gsies und Taisten – mit den Kreuzen nach Ehrenburg.
Am bekanntesten ist der zweitägige Bittgang der Ahrner am Freitag und Samstag in der Bittwoche. Über das tatsächliche Alter dieses Kreuzgangs können nur Vermutungen angestellt werden. Die Ahrner selbst setzen früh an, nämlich mit der urkundlichen Erwähnung der Kirche zu Ehrenburg, 1370. Im Kalendarium der Pfarre Ahrn von 1450 ist die Kirchfahrt angeführt. Die Umweltkatastrophen, welche das Ahrntal im 14. Jahrhundert heimsuchten, dürften das Entstehen einer solchen Wallfahrt gefördert haben. Die Ahrner hatten in der Folge wiederholt mit kirchlichen und weltlichen Obrigkeiten zu kämpfen, die allerlei Mißstände im Zusammenhang mit dem nächtlichen Ausbleiben rügten. Im Jahre 1854 wurde für allemal festgelegt, daß nur noch Männer über 15 Jahren mitgehen dürfen.

Am Freitag nach Christi Himmelfahrt um Mitternacht brechen die Wallfahrer in der Pfarrkirche zum hl. Valentin in Prettau (Entfernung von Ehrenburg 60 km) auf. Sie tragen das durchschossene Kreuz von Heilig Geist mit. Nach und nach schließen sich an die hundert Männer – fast alle mit Rucksack und Regenschirm – an. In den Kirchen, wo sie talaus Einkehr halten, werden sie mit Glockengeläut begrüßt und verabschiedet. Feierlich klingt das vierstimmige „Gegrüßt seist du, Maria" der Vorbeter aus dem Verkehrslärm der Straße. Am späten Nachmittag erreichen die Wallfahrer Ehrenburg, wo die erste Andacht der Kornmutter gilt. Früher ritzten die Beter mit ihren Rosenkränzen Kreuzzeichen in das Gemälde. Die Pilger übernachten nach altem Brauch bei den Bauern, früher wurde bis zum Nachtwerden geranggelt. Am Samstag ist schon um vier Uhr das Amt in der Kirche, auch in der Pfarre von Kiens wird nochmals haltgemacht.

231
Wallfahrtsgottesdienst mit Dekan Leo Munter, den Pfarrern Franz Pipperger, Ahrn, und Gottfried Kaser, Prettau

232 Die Gruft mit den Gnadenbildern (Kopien)

233 Frühe Einkehr in der Pfarrkirche von Kiens

231

232

233

234

234
Im dämmrigen Frühlingsmorgen zieht die Schar hinter dem roten Fähnlein von St. Peter her über den alten Weg an St. Valentin vorbei an die heimatliche Ahr.

235
236

235/236
Von Zeit zu Zeit, wenn das Wetter gar nicht „herwärts schaut", beschließen die Leute im Bergdorf Ellen den abendlichen Umgang mit der „Maria im Loch". Das Vesperbild heißt so, weil es früher in einer Nische hinter dem Hochaltar aufgestellt war. Der Bittgang zieht von der Kirche zu einem Wetterkreuz (1989).

237

237a

237
In der neuromanischen Pfarrkirche von Bruneck steht auf der Evangelienseite die Pietà in Steinguß aus der Zeit um 1400. In Ragen, wo das Gnadenbild aus dem Geröll der Rienz geborgen worden sein soll, stand lange vor dem Kirchenbau eine Kapelle der Schmerzhaften. Zu dem Bildnis wurden totgeborene Kinder zur Taufe gebracht, in harten Nöten und bei großer Dürre wurde es aufgesucht. Die vielen Votivgaben sind alle beim Brand von 1850 zerstört worden.

238

238
In S a a l e n, am alten Weg von St. Lorenzen nach Enneberg, auf dem Rindlerbühel über der Gader steht das Heiligtum Unsrer Lieben Frau von Loreto. Benedikt Achmüller, Pfarrer in St. Lorenzen, hat es 1652 erbauen lassen. Den Wunsch nach einem Haus nach dem Bilde von Loreto tat die Himmelskönigin durch Erscheinungen kund. Eine andere Legende erzählt, ein Bauer hätte unten an der Gader eine schwarze Marienstatue aus dem Acker gepflügt. Auch hier gibt es das Motiv vom begonnenen Kirchenbau, den blutigen Spänen und den weisenden Vögeln.
In der Ostkirche genießen Marienikonen, die von Alter und Kerzenruß ganz dunkel geworden sind, das höchste Ansehen. Auch das Urbild von Loreto ist dunkel und soll vom Evangelisten Lukas gemalt worden sein.
Das heilige Haus von Loreto soll nach der Eroberung Palästinas durch die Türken am Ende des 13. Jahrhunderts von Engeln zuerst nach Dalmatien, dann nach Ancona gebracht sein. Im 16. Jahrhundert verbreitete sich das Gnadenbild von Maria Loreto auch in Tirol. Das Hauptfest in Saalen ist Maria Geburt, doch kommen an allen Marienfesten und an den Samstagen im Mai und im Oktober viele Wallfahrer. Am Samstag vor dem Rosenkranzsonntag unternehmen die Leute von Oberwielenbach und Percha einen Bittgang nach Saalen.

239/240
Ein herausragendes Ereignis war sicherlich die Jugendwallfahrt mit Lichterprozession am 6. Mai 1989, die von der bezaubernden Pacher-Madonna in der Pfarre St. Lorenzen ihren Ausgang nahm.

Die Lichterprozession kurz vor dem Ziel, in der langen Kehre beim Gasteiger in Saalen

241

242
243

241
Blick über Welsberg, die alte Burg über der Pidig und dahinter an sonniger Berglehne das Pfarrdorf Taisten mit der Kirche zu den Heiligen Ingenuin und Albuin.

242
Von links nach rechts: Pfarrer Dorner, Josef Schwingshackl, Bauer zu Hinterplun, und Prof. Rigo bei der Ankunft in Enneberg

243
Das liebliche Gnadenbild Unsrer Frau wurde der Legende nach aus dem Bach gerettet. Zu Festzeiten steht es gekrönt und bekleidet über dem Hochaltar.

244

246

245

247

248

244–248
Alle Jahre an einem Samstag im Frühsommer brechen die W e l s b e r g e r um Mitternacht zum Kreuzgang nach Enneberg auf. Bei der drohenden Pest im Jahre 1636 hatten sie die Wallfahrt nach Enneberg versprochen, doch die Enneberger wollten keine fremden Leute, auch nicht in frommer Absicht, in ihr Tal lassen.
Es ist fast wie im geistlichen Schauspiel: Die Wächter auf der Furggl unterhalten ein Feuer, „verschlafen" aber den Vorbeimarsch der Welsberger, die im Morgendämmern in langem Zug sich der Pfarre mit dem mächtigen Gnadenbilde zustreben (Jubiläumswallfahrt, 24. Mai 1986).

Auch Jugendliche nehmen freudig an der Wallfahrt teil.

249

250

249/250
Kirche und Kirchdorf von Enneberg heben sich aus den Morgennebeln, wenn die Welsberger feierlich mit Fahnen und Musikkapelle dreimal um die Kirche geleitet werden. Damals, 1636, kamen sie heimlich, fanden die Kirche versperrt, und erst nach dreimaligem Umschreiten wurde sie von unsichtbarer Hand geöffnet. Durch die Fürbitte Mariens blieben sie von der Pest verschont. Sie gelobten, jedes Jahr wiederzukommen, jedes zweite Jahr eine schwere Kerze und alle hundert Jahre eine getreue Abbildung der Wallfahrt für die Kirche von Enneberg zu stiften.

251

251
In der Kirche feierlicher Gottesdienst. Am Altar von links nach rechts: Pfarrer Markus Craffonara, Konrad Dorner, Bacher und Dompropst Karl Wolfsgruber.

252

253

252/253
Die Welsberger, die seit über dreihundert Jahren so vertrauensvoll in das ferne Enneberg pilgern, haben auch im eigenen Dorf eine Wallfahrt, genannt Unsre Liebe Frau am Rain. Die 1551 erbaute Kirche mit dem herrlich vernetzten Gewölbe steht außerhalb des Dorfes beim Friedhof. Das Gnadenbild, eine thronende Madonna mit dem göttlichen Kind auf dem Arm, stammt aus dem 15. Jahrhundert. Es wird oder wurde in Ehesachen aufgesucht, weil die Kirche ihre Entstehung einer glücklichen Heirat zwischen Emerenz von Görz und Balthasar von Welsperg verdankt.

254/255
Maria am Rain mit dem Friedhof, dahinter Welsberg

254

255

256

257

256
Die Pfarrkirche zu den Heiligen Ingenuin und Albuin in Taisten. Am Hochaltar das Bildnis Maria Hilf

257
In der Spitalkirche zu Niederdorf wird eine Schmerzhafte mit den sieben Schwertern im Herzen, eine sogenannte Madonna von Golgatha, verehrt.

258

259

258/259
Die älteste Marienwallfahrt des Hochpustertales führt nach Aufkirchen zur schmerzhaften Mutter. Schon im Jahre 1333 ist die Stätte als Wallfahrt genannt. Die heutige Kirche wurde 1474 geweiht und in barocker Zeit (1750) vergrößert. Ähnlich wie Ehrenburg wurde auch Aufkirchen im 15. Jahrhundert durch zahlreiche Ablaßverleihungen gefördert und zur Blüte gebracht. Das Hauptfest, der Schmerzensfreitag, führte stets zahlreiche Pilger an den Gnadenort, kleine Gruppen von andächtigen Betern kommen das ganze Jahr hindurch.
Die Jugendwallfahrt 1987, angeführt von Prälat Dr. Chrysostomus Giner, Neustift, begann in der prächtigen Toblacher Pfarrkirche und zog in Lichterprozession hinauf nach Aufkirchen.

260

261

260/261
Die Pfarrkirche von Toblach und Statue, 1688, des vielverehrten Pestpatrons Sebastian

262
263

263/264
Wie in Maria Rast das Bild von Re Vegezzo, mit der blutenden Wunde auf der Stirn. Es ist das „verletzte Kultbild", das bei großer Beleidigung zu weinen oder zu bluten beginnt.

Das Gnadenbild von Aufkirchen ist eine Pietà, die trauernde Mutter mit dem toten Sohn, der die heiligen Frauen Magdalena, Maria Salome, Maria Kleopha und Martha, sowie der Apostel Johannes beistehen. Das ausdruckstarke Bildnis stammt aus der Zeit um 1470.

264

265

266

265/266
Die Sextner gedenken der Zeit, wo im Ersten Weltkrieg ihre Pfarrkirche in Schutt geschossen war und eine Kapelle in der „Holza Schluichte" (Schlucht) notdürftig als Gotteshaus diente. Am 6. August 1989 wurde der Weg als Bibelweg durch Pfarrer Markus Küer eingeweiht.

267/269
Bei Winnebach an der Drau steht eine Kirche, die Johann Klettenhammer 1649 nach dem heiligen Haus von Loreto erbauen ließ.
Das Votivbild zeigt die Kirche, zu der ein Pilger eilt. Das Marienbild, eine gekrönte schwarze Madonna mit Kind, wird bei Prozessionen umgetragen.

267

268

269

Diese Loretto Kapelle wurde 1649 gebaut u. darin das Gnadenbild der lieben Gott
Mutter, welches Johan Klettenheimer Anwald zu Klettenheim von seiner Wallfarth nach

270

270/271
Weithin hallte einst der Ruf der Gnadenmutter von Luggau, und viele Menschen aus Tiroler Tälern und aus Friaul pilgerten in das entlegene Kärntner Tal.
Die Kirche ist nicht alt, sie wurde 1740 anstelle einer älteren Kapelle (1616) errichtet. An den Marienfesten

271

272

pilgern viele Kreuzgänge, im Herbst nach altem Brauch auch Sextner zur Schmerzhaften, einer gekrönten, bekleideten Madonna mit dem toten Sohn auf dem Schoß. Nach der Legende beginnt die Wallfahrt im Jahre 1513.

272
Kircheninneres von Luggau mit der Schmerzensmutter auf dem Hochaltar

273

275

274

273
St. Anna in Rotlahn

Die Mutter Anna wird in Südtirol von Frauen und Müttern hoch in Ehren gehalten, besonders an zwei Gnadenorten in größeren Anliegen aufgesucht. In Ahornach im Tauferer Tal und einst in Rotlahn bei Villanders. Ahornach wurde auch bei langer Trockenheit als Wallfahrtsziel gewählt.
Viel Vertrauen brachte das Volks dem hl. Antonius von Padua († 1231), dem großen Wundertäter, entgegen. Verehrt wird er in Piccolein (1688), an der Windschnur bei Rasen (1698) und bei den Franziskanern in Kaltern (1642).

274
Hochaltar mit der hl. Mutter Anna in Ahornach

275
Wiedereinweihung der Annakirche von Rotlahn, 1986

276

278

277

279
280

276/277
St. Antonius in Piccolein

278
St. Antonius in der Windschnur bei Rasen. Am Altaraufsatz die hl. Kümmernis, darüber Fresko von J. M. Peskoller

279
Der einst vielverehrte Antonius in Kaltern

280
Das „Tonignstöckl“ in Rasen, dahinter der Hochgall

281
Am Fest des hl. Ägidius in Raas findet am 1. September oder am darauffolgenden Sonntag in Befolgung eines alten Gelöbnisses nach einem Dorfbrand die Brotspende statt. Zu diesem Anlaß kamen vor Zeiten, als Brot noch allgemein als Gottesgabe betrachtet wurde, viele Arme aus der Umgebung nach Raas. Brotspende am 1. September 1980.

282
283

284

282–284
Burg Sprechenstein im Wipptal (Conc. 1158)

Nachdem Kapelle und Wallfahrt zum hl. Erasmus auf der Kehlburg ober Gais zerstört sind, bleibt noch die kleine Wallfahrt zum Nothelfer gegen Unterleibsleiden auf Schloß Sprechenstein bei Sterzing. An diesem Tag, dem 15. Juni, feiert der Schloßherr Fürst Auersperg mit den Pilgern den Gottesdienst.

286

285

287

285
Unterhalb Lajen steht eine Kapelle mit einem Bildnis des hl. Josef, das örtlich hoch verehrt wird.

286
Florinus von Matsch, der Heilige des Oberen Vinschgaus, hat in seinem Heimatort eine ihm geweihte Kapelle. Dorthin gehen die Planeiler mit dem Kreuz (1988).

287
Die Schutzherren der Diözese. Fresko von Hans von Bruneck im Brixner Kreuzgang, um 1400
Der ebenfalls im Obervinschgau, besonders in Laatsch bekannte hl. Lucius, scheint auf einem Fresko im Brixner Kreuzgang zusammen mit den Diözesanpatronen Kassian, Ingenuin und Albuin auf. Die Augenvotive, die es einst in der St.-Leonhards-Kirche zu Laatsch gab, dürften eher dem hl. Lucius zugedacht gewesen sein.

288

290

289

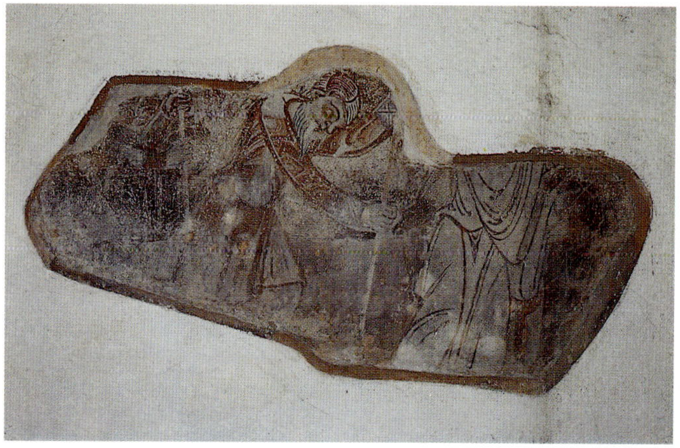

288

Margreid mit der Pfarrkirche zur hl. Gertraud und der Marienkapelle an der Wegkreuzung, in der unteren Bildhälfte

289

Fragment eines romanischen Freskos aus Margreid, das einen Pilger zeigt

290

Hochaltarblatt in der Kirche St. Florian

291

Zu den ganz großen Schutzheiligen in allen Ländern Österreichs und Süddeutschlands zählt der hl. Florian. Seine Darstellung als römischer Soldat mit dem Wasserkübel findet sich in Kirchen und grüßt von Hausmauern und Brunnensäulen. Die Kirche bei Margreid im Unterland ist ihm geweiht. Am Florianisonntag gibt es allenthalben Aufmärsche und Umgänge, wobei sich Feuerwehrmänner und Schützen in ihrem oft gefahrvollen Einsatz im Kampf gegen Feuer und Wasser dem Heiligen anvertrauen.

292
Einweihung des Florianstöckls am 2. Mai 1987

293
Der hl. Florian, Tafelbild des Simon von Taisten, Ahrn

291

292

293

294

294
Der Tobel in Taufers aus der Luft gesehen. Über den vorderen Waldrücken führt der Franziskusweg zur Burgkapelle. (Conc. 1177)
Auf dem Tobel, durch den der Reiner Bach stäubend niederstürzt, ragen noch die Reste einer alten Burg oder – wie die Volksmeinung will – eines Frauenklosters. Die Kapelle ist den Heiligen Franz und Klara von Assisi geweiht. Hier endet der Besinnungsweg, den viele Menschen gehen, um mit Franziskus ihre Verbundenheit mit der bedrängten „Schwester Natur" zu bezeugen. Der Besinnungsweg wurde auf Anregung von Dekan Leo Munter in den Jahren 1984/85 eingerichtet.

295

296

297

295
Einfach und herb sind die Schnitzereien in den ernsten alten Mauern, und noch ernster ist die Botschaft an unsere Zeit. Besonders die Jugend wallfahrtet in bewegter Sorge zur Kapelle am Tobel.

296
Die katholische Jugend von Brixen auf Wallfahrt in Assisi, der Heimat des hl. Franz und einer weltumspannenden brüderlichen Gesinnung.

298

298

Silberner Rokokoschrein mit Reliquien des seligen Heinrich im Bozner Dom

Zu den sonderbaren und zugleich liebenswürdigen Tiroler Gestalten des hohen Mittelalters darf der selige Heinrich von Bozen gezählt werden, dessen kostbar gefaßte Reliquie in der Marienkapelle des Bozner Domes zur Verehrung aufgestellt ist. In Bozen-Dorf, wo er geboren sein soll, steht die ihm geweihte Kirche, sein Grab ist in Treviso, in dessen Nähe er als einsamer Tagwerker und Holzfäller lebte († 1315). Er ist ein Seitenstück zur hl. Notburga und wurde seliggesprochen, doch zu großer Verehrung und Wallfahrt hat er es in seiner ihm so wesensfremden Heimatstadt nicht bringen können.

299

Der Weiler Oies bei Abtei im Gadertal

300

300

Der selige Josef Freinademetz hat in Südtirol bereits zwei Wallfahrtsstätten: das Geburtshaus im Weiler Oies in Abtei und die neue Kirche in Milland.

Josef Freinademetz wurde in Abtei am 15. April 1852 geboren, 1875 in Brixen zum Priester geweiht und 1879 auf seinen brennenden Wunsch hin als Missionar nach China entsandt. Den Chinesen wurde er ein Chinese, heißt es von ihm. Er starb am 28. Jänner 1908.

Am 19. Oktober 1975 wurde Josef Freinademetz zusammen mit Arnold Janssen von Papst Paul VI. zur Ehre der Altäre erhoben. Die Freude in Südtirol, vor allem in den ladinischen Tälern, war groß, und zahlreich waren die Gläubigen zur Feier des Ereignisses nach Rom gepilgert. Genau zehn Jahre nach der Seligsprechung, am 19. Oktober 1985, wurde die neue Pfarrkirche von Milland dem Diener Gottes Josef Freinademetz geweiht. Die feierliche Handlung nahm Bischof Joseph Gargitter vor. Milland wird seitdem von zahlreichen Pilgergruppen aufgesucht.

301

301
Bischof Joseph Gargitter weiht die nach Plänen von Architekt Othmar Treffer erbaute Freinademetz-Kirche in Milland am 19. Oktober 1985 ein.

302
303

302
St. Martin im Kofel

303
Fromme Wallfahrerinnen

304
Das Wannser Tal und sein Bach, der nach altem Brauch in besonderer Weise gesegnet wird.

305–308
Von Walten zieht die Bachprozession zum Bach.

305

304

306

307

308

309

309
Im hintersten Passeier lebt noch ein schöner Brauch des Bachsegens. Aus den weiten Quellgründen strebt der Waltener Bach der Passer zu. Am Fest des hl. Johannes des Täufers wird der Bach gesegnet, indem die Statue des Johannes von Nepomuk in das Wasser getaucht und dann daraus geborgen wird. Das geschieht im Rahmen eines festlichen Umganges der Pfarre Walten, der hinunter zum Bach und dann hinauf zur einsam gelegenen Kirche von Wanns führt. Um Ufer sind Altar und Bahre aufgestellt. Die Schützen übernehmen in diesem Falle nicht nur die Rolle der braven Retter, sondern auch die der Schergen. Nach dem Bachsegen – hier mit Pfarrer Hans Lampacher – geht es über grünende Wiesen hinauf nach Wanns (22. Juni 1986).

310
Die Statue des hl. Johannes liegt im Bach, darüber schwebt ein Engel und weist den Rettern die Stelle. Nach der Legende schwammen Lichter auf der Moldau und zeigten den Suchenden, wo der Leichnam des Märtyrers zu finden war.

311

311/312
Pfarrer Hans Lampacher bei der Messe und Aufgang nach Wanns

313

314

313/314
Bei der festlichen Prozession werden die Statuen der heiligen drei Jungfrauen, die sonst auf dem Seitenaltar der Kirche stehen, umgetragen.

Das einst recht abgeschiedene Bergdorf Meransen hütet auch heute noch Tradition und Verehrung der hl. drei Jungfrauen Aubet, Cubet und Guere. Wie die Legende weiß, flohen sie vor den Horden Attilas, kamen nach Latzfons, wo sie jedoch schlecht aufgenommen wurden, und wanderten weiter, unterwegs wunderbar durch einen Kirschbaum und eine Quelle gelabt, nach Meransen. Ihr Hauptfest am 16. September wird am darauffolgenden Sonntag sehr festlich begangen.

315

315
Beginn des Umgangs. Pfarrkirche zum hl. Jakobus, im Hintergrund der Gitschberg

316

316–318
Bischofskirchen hatten von alters her ein besonderes Gewicht. Schon vor vielen Jahrhunderten machten es Synodalbeschlüsse den Pfarreien zur Pflicht, einmal im Jahr mit den Kreuzen zur Bischofskirche zu kommen. Am Kassiansonntag, das ist der zweite Sonntag nach Ostern, erfreut sich der hohe Dom zu Brixen regen Zulaufs.
Deckengemälde von Paul Troger im Brixner Dom, das die Anbetung des Lammes oder das Endziel des Christenlebens darstellt. Bei großen kirchlichen Ereignissen bildet das weite Gotteshaus den würdigen Rahmen für Fest und Feier, so auch bei der Bischofsweihe am 31. August 1986.

319
Bittprozession nach langer Trockenheit mit den heiligen Leibern in Brixen am 16. Juli 1980

320
Übergabe der Reliquie des hl. Vigilius, des Glaubensboten und Patrons der Nachbardiözese, durch Erzbischof Sartori von Trient am 9. April 1989

So wie einst 1685 die Reliquien des hl. Kassian von Imola mit großer Prunkentfaltung eingeholt wurden, bildete auch die Entgegennahme einer Reliquie des hl. Vigilius von Trient Anlaß, die Kassianprozession am 9. April 1989 besonders festlich zu gestalten.

S. JOANNI NEP
S. AGNETI
S. ANNAE

317

318

319

320

Die Erzdiözese Trient fügte den heiligen Leibern noch eine Vigiliusreliquie hinzu. Am Festgottesdienst nahmen die Bischöfe von Brixen, Innsbruck und Trient teil.

321

321
Die Sarnser bei Beginn der Prozession am Domplatz

322
Gottesdienst am Kassiansonntag im Dom zu Brixen, 1989

323
Fast fünftausend Kirchensänger gestalten in unserer Diözese die Gottesdienste mit.

324/325
Die Rodenecker brechen noch im frühen Morgengrauen in der Blasiuskirche auf und durchwandern bei kaum dämmerndem Tag um fünf Uhr früh den alten Weg von der Rienzschlucht über die „Rundl“ hinauf auf die Hochfläche von Viums.

322

323

324

325

326

327
328

327
Blick vom Mörlhaus auf die vorüberziehende Kassianprozession

Theologen und Seminaristen tragen die silbernen Büsten aus dem Domschatz und die Sakramentsbrüder die heiligen Leiber, hier erstmals die Reliquie des hl. Vigilius.

328
Die Reliquienschreine beim Michaelstor

329

330

331

332

329–331
Tief im Graben des Schwarzgrießbaches und noch zu Seis gehörend liegt das Kirchlein St. Vigil, das in seiner heutigen Gestalt in die Zeit des 15. Jahrhunderts zurückgeht. Hier vermutet mancher eine vorchristliche Kultstätte, zumal hier an den Sonnenwenden die Sonne haargenau über den Santner streicht, eine wichtige Markierung des Jahreslaufes. Zur Zeit der Sommersonnenwende – am 26. Juni 1986 – wird die sonst einsame Kirche von Wallfahrern aufgesucht.

332
Der Kastelruther Gerichtsumgang bei St. Michael

Der Gerichtsumgang, wie er in Kastelruth und auch noch in Villanders gehalten wird, ist der Rest eines festlichen Flursegens, der auf das ganze Gericht – die Altvorderen dachten sich etwas bei dem Ausdruck – herabgefleht werden soll.

333
334

333
Wettersegen mit Dekan Florian Fischnaller, Kastelruth

334
In der Bittwoche wallfahrten die Kastelruther nach St. Valentin, um Schutz gegen Pest und Seuchen zu erflehen.

335
336

335/336
Die Pest ist unseren Altvorderen gründlich in die Knochen gefahren. Viele Bittgänge erinnern noch an die Bedrohung durch allerlei Seuchen. In Sterzing ist eine Pestprozession schon 1534 bezeugt. In der Spitalkirche zum Hl. Geist steht als Gnadenbild der hl. Sebastian, der gegen ansteckende Krankheiten angerufen wird. Sebastianiprozession am 20. Jänner (Pfarrkirche)

In Sarns wird das Fest des Kirchenpatrons Sebastian sehr festlich und unter großer Beteiligung aus umliegenden Pfarreien begangen.
Gottesdienst zu Ehren des ehemaligen Kirchenpatrons St. Nikolaus in Sarns mit Ortspfarrer Karl Golser und Josef Hurton, Sulden, am 2. Dezember 1987. Im Aufsatz des Altares die Statue des hl. Sebastian

337
Am 1. Mai wird in St. Sigmund der Kirchenpatron in festlichem Gottesdienst geehrt. Sigmund war König der Burgunder, wurde von den Franken 523 besiegt und in einen Brunnen geworfen. Von Freising aus hat sich sein Kult verbreitet. Herzog Sigmund von Tirol († 1496), der Stifter des herrlichen Altares, hat seine Anwesenheit durch eine Inschrift an der Rückseite des Altars bezeugt und verewigt.
Gottesdienst mit Pfarrer Bertrand J. Vollmann am 1. Mai 1989 (500-Jahr-Feier)

338

338
Blick über den Ritten: links im Bild St. Nikolaus am Mittelberg, in der Mitte Lengstein und im Hintergrund St. Verena am mittelalterlichen Kaiserweg

339

340

339
Die hl. Ottilia, barockes Hochaltarbild, 18. Jahrhundert

Am Kaiserweg über den Ritten, in Lengstein, steht seit alter Zeit die Wallfahrtskirche zur hl. Ottilia, deren Fest am 13. Dezember – zusammen mit der hl. Luzia – begangen wird. Der Legende nach wurde sie als Tochter eines dänischen Herzogs geboren. Weil sie blind war, wollte der Vater sie töten lassen, doch die Amme versteckte sie in einem Kloster. Durch die Taufe wurde sie sehend. Ottilia starb als Äbtissin um 720. Sie wird als Nonne mit Stab und Buch und immer mit dem Augenpaar dargestellt. In Lengstein wird Ottilia, die in Tirol fünf Kultstätten hat, auch als Heiratsvermittlerin angerufen.

340
Neugotisches Kirchenfenster: Der hl. Erhard tauft die blinde Prinzessin Ottilia, der dadurch auch das geistige Augenlicht geschenkt wird.

341

341
Eine Kapelle zum hl. Oswald auf dem Ifinger wird 1497 erwähnt, der heutige Bau wurd 1878 ausgeführt. Da sitzt der heilige König hoch zu Roß mit dem Raben in der Hand. Hirten fanden einst sein Bild in den Alpenrosen (Oswaldstauden) und brachten es nach Schenna. Aber der Heilige ritt bei Nacht wieder bergauf zum Jungbrunnen, der eine Heilquelle ist. Oswald ist für Ernte und Viehzucht zuständig, deshalb wird sein Fest am 5. August hauptsächlich von Almern und Bauern gefeiert (5. August 1987).

342
343

342/343
Am Ostermontag treffen sich nicht nur Naturfreunde und „Emmaus-Gänger", sondern auch ernsthafte Pilger beim Kirchlein St. Verena am Ritten. Die Heilige wird hier zusammen mit der Dreifaltigkeit dargestellt. Verena war schlicht gesagt Pfarrhäuserin und ist Patronin der Müller, der Ehe, der Verliebten und als solche auch zuständig für Kindersegen.

344
345

344
St. Valentin in Obermais. Jahreswallfahrt der Kurie zusammen mit Bischof Wilhelm Egger im September 1989

345
In Obermais starb im Jahre 470 der hl. Valentin, hier wurde der Apostel Rätiens auch begraben. Bald, so schreibt Falger, erhob sich über dem Grabe des heiligen Mannes eine berühmte Wallfahrt, von zahllosen Pilgern aus allen Weltgegenden besucht. Venantius Fortunatus, erwähnt das Heiligtum in seinem Reisegedicht (um 570), und der hl. Korbinian, Bischof von Freising, wollte an der Seite Valentinus begraben werden. Durch Herzog Tassilo III. kamen die Gebeine des hl. Valentin nach politischem Gezänk nach Passau, die Stadt seiner Herkunft. Der Leichnam Korbinians kam auf Betreiben seines Nachfolgers Aribo nach Freising.
Die Kirche wurde 1824–1826 in die heutige Form gebracht. Am Triumphbogen hat Eugen von Blaas 1863 die Predigt des hl. Valentin gemalt.
St. Valentin war oder ist die Heiratskirche der Meraner, zumal die Patronate mit denen des hl. Valentin von Terni (14. Februar), des Patrons der Liebesleute und der fallenden Sucht, unentwirrbar vermischt sind.

346
347

346/347
Am 1. Mai wird die sonst einsame Kirche von St. Walburg bei Kematen – sie wurde bereits 1433 geweiht – von vielen Betern aus der bäuerlichen Welt aufgesucht.

348

348
Sanzeno in wahrlich uralter Siedlungslandschaft am Nonsberg. In der schattigen Waldschlucht rechts liegt die Wallfahrt San Romedio. (Conc. 477)

349

350

349
Zur 1500-Jahr-Feier der Hl. Sisinius, Martyrius und Alexander – Glaubensboten des Nonstales – feierte Bischof Wilhelm Egger zusammen mit Erzbischof Alexander M. Gottardi und Kardinal Martini einen Festgottesdienst (26. Juli 1987).

350
Bischof Joseph Gargitter und die Mitarbeiter der bischöflichen Kurie beim jährlichen Ausflug, der meistens auch an einen Wallfahrtsort führt. Am 11. Juni 1981 vor dem Portal der Kirche Sanzeno am Nonsberg

351

351
Gottesdienst in Sanzeno mit Kardinal Martini von Mailand (26. Juli 1987)

352

352
Die Winterstimmung läßt die Wirklichkeit der Einsiedelei von San Romedio richtig erahnen. Hier hat der hl. Romedius von Thaur, Rompilger und Freund des Bischofs Vigilius von Trient, als Einsiedler gelebt.

353

353
Der Dekan von Sarnonico hält am Fest des hl. Romedius den Gottesdienst, 15. Jänner 1987.

355

354/355
Als am 12. Juli 1987 Papst Johannes Paul II. Val Vistende aufsuchte, strömten zu diesem Anlaß 25.000 Pilger von weitum zusammen. Es waren viele Förster aus dem Pustertal dabei. Die Pilgergruppe von Luggau zählte an die 1000 Leute. Angeführt vom dortigen Bäckermeister legten sie einen achtstündigen Anmarsch zurück.

356

356
Förster aus dem Pustertal in Val Vistende, im Hintergrund das gelbe Altarzelt mit dem Papst

358

359

357
Die Firmlinge von Mals ziehen hinauf nach St. Veit am Tartscher Bühel. Gottesdienst mit Dekan Hubert Unterweger am 23. April 1989

358/359
St. Veit ist möglicherweise die eigentliche Urpfarre dieser Gegend (Iso Müller) gewesen. Ein vorchristliches Heiligtum aus der Zeit um 500 ist hier durch Funde belegt. Kirchenpatron war bis 1513 der Erzengel Michael, der dann dem Bauernheiligen St. Veit weichen mußte. Der heutige Bau ist alt, er liegt nach Josef Weingartner zwischen der karolingischen und frühromanischen Zeit und Bauweise.

360

360
Die Jugendwallfahrt mit Dekan Eduard Habicher und Regens Luis Gurndin von Brixen führte 1989 zum alten, schon 1167 erwähnten Heiligtum St. Cyrillus bei Tils. Einst bestand hier eine bedeutende Wallfahrt. Aus dem Jahre 1560 beispielsweise wird berichtet, daß täglich Pilger kamen. Das Ziel der Pilger war zeitweilig wohl nicht der Kirchenpatron, sondern die hl. Kümmernis und Antonius, der Einsiedler.

361

362

361
Neupriester Josef Leiter hält unter großer Beteiligung Nachprimiz am Astjoch.
30. Juli 1989

362
An der Straße bei Drittelsand hinter Schloß Taufers steht das Herz-Jesu-Brünndl; das Wasser fließt aus dem Herzen Jesu, zu dem die Tauferer einen Bittgang halten.

363

Primizfeier des Neupriesters Hans Tasser in Pens, 1986

363–365
Im Tiroler Volk waren und sind Primizen Gnadentage und als solche gewissermaßen auch Wallfahrtstage. Für die Teilnahme sollte man sich ein paar neue Schuhe zerreißen, lautet ein Spruch.

365

364

367

368

Tiroler Pilger ins Heilige Land sind in älterer Zeit vereinzelt bezeugt. Heute sind solche Pilgerfahrten häufig, weil das Interesse an der Bibel wächst und weil ein gewisser Wohlstand die Reisefreude nährt.

366
Die Grabeskirche von Jerusalem vom Turm der evangelischen Kirche aus gesehen

367
Bethlehem, die Geburtsstätte Jesu

368
Pilgerreise ins Heilige Land mit Bischof Wilhelm Egger (1987)

369

370

369
Im Inneren der Grabeskirche in Jerusalem wird auch ein Bild Mariens mit den sieben Schwertern verehrt (vgl. auch Niederdorf, Abbildung 260).

370
Die heiligste Stätte der Christenheit, das Grab des Erlösers

371

372

371
Hauptsächlich um das Hl. Grab zu erlösen, brachen vor Jahrhunderten die Kreuzfahrer auf, angefeuert von Päpsten und Kirchenführern wie z. B. Bernhard von Clairvaux. Manchem wurde die Kreuzfahrt als Buße für schweres Vergehen auferlegt. Weniger beschwerlich und gefahrvoll war der Besuch der Apostelgräber in Rom. Pilgergruppe des Katholischen Verbandes Werktätiger am 19. März 1983 am Petersplatz

372
Die Bronzestatue des hl. Petrus. Der Fuß des Apostelfürsten wird von unzähligen Pilgern zum Zeichen der Demut geküßt.

373

373
Eine der ältesten fotografischen Aufnahmen einer Rompilgerfahrt um 1875. Foto March, Brixen

374/375
Eine andere beliebte und alte Wallfahrt führte seit dem 9. Jahrhundert nach Santiago de Compostela im Nordwesten Spaniens zum Grab des Apostels Jakobus des Älteren, der zum Pilgerpatron schlechthin geworden ist. Vor der Kathedrale spielen Riesenpuppen den Kampf des Cid gegen die Mauren.

374

375

376

377

378

376–378

Lehrerwallfahrt nach Santiago. Neben dem Erzbischof Antonio Rouco Varela Dekan Leo Munter und Karl Gruber, 25. Juli 1986

Festlicher Gottesdienst

Reiterstatue des hl. Jakobus, genannt Matamoros (Maurentöter)

379
380

379
Pfarrer Jaco Ploner mit der Jugend von Campill im Gadertal

Am weitgedehnten Sattel zwischen Lüsen und dem Pustertal steht an einem alten Übergang das „Jaggile“, das Jakobsstöckl. Der Weg wurde einst von Marktfahrern, wohl auch von Pilgern viel begangen. Dann und wann wird wohl auch noch ein Bittgang abgehalten.

380
Umgang mit dem Pilgerpatron Jakobus in Thuins

381

382

381
Die Kirche in Thuins bei Sterzing ist dem hl. Jakobus geweiht. Hier ist eine Jakobusbruderschaft schon 1511 durch ein Wappen in der Kirche bezeugt. Am ersten Sonntag im August feiert diese Pfarre „Fronleichnam"; beim Umgang kommt der Kirchenpatron auch zu besonderen Ehren. Die Buben, die das Vortragskreuz betreuen, sind als mittelalterliche Pilger gekleidet.

382
Albert Pixner, Kooperator in Sterzing, hält eine Söllerpredigt.

383

383
Thuins, im Hintergrund Sterzing, liegt an einem wichtigen Weg (Wipptal, Jaufen, Pens, Pfitscher Joch), der jahrhundertelang auch von Pilgern begangen wurde.

384

385

384
In Obervintl, in der Pfarrkirche zum hl. Nikolaus, die schon um 1300 erwähnt wird, wurden und werden neben dem eigentlichen Kirchenpatron auch die Viehheiligen Valentin und Silvester und in neuerer Zeit auch der Schutzengel verehrt.

385
Eine in ältere Zeiten zurückreichende Bruderschaft förderte die Verehrung des Schutzengels, dessen Beistand vor allem die Kinder anempfohlen wurden.

386
Unter allen Fernwallfahrten hat Lourdes in den letzten hundert Jahren sicher die größte Anziehungskraft ausgeübt. In organisierten Pilgerzügen fahren alljährlich ungezählte Wallfahrer in die Pyrenäen, um in Lourdes in gemeinsamem Gebet Trost und Hilfe zu finden.
Das in der Grotte geschöpfte Wasser gilt als Heilmittel, und in vielen Pfarreien gibt es die vertraute Mutter von Lourdes, vor deren Bildnis die Menschen Kerzen anzünden. Es gab eine Zeit, in der die Grotte von Lourdes (Marienerscheinung 1858) in keiner Pfarre fehlen durfte.

387
In der Stadtpfarrkirche von Glurns befindet sich ein geschnitztes Relief als Abbild der Gnadenmutter Notre Dame de la Salette.

386

387

388
389

388
Die Marienwallfahrt von Altötting hat seit Jahrhunderten weit in den süddeutschen Raum ausgestrahlt. Das Gnadenbild Maria mit Kind entstand im 14. Jahrhundert, seit dem 15. Jahrhundert ist die Wallfahrt nachweisbar und weitum berühmt.

389
In Innichen hat Georg Paprion, ein begeisterter Pilger, nicht nur eine kleine Grabeskirche, sondern auch die Gnadenkapelle von Altötting nachbauen lassen (1653), die selbst wiederum eine Nachbildung des Grabes Christi sein könnte.

390

390
Die alte Residenz Karls des Großen († 814) beherbergt auch eine ganz bedeutende Marienwallfahrt der Rheinlande. Karl selbst hat in Aachen eine Marienkirche erbauen lassen und sie mit bedeutenden Reliquienschätzen ausgestattet. Diese wären: die Windeln Jesu, das Lendentuch Jesu, das Kleid Mariens und das Enthauptungstuch des hl. Johannes des Täufers. Die Heiltümer wurden von Zeit zu Zeit öffentlich vorgestellt, was einen starken Zulauf bewirkte. Von überall her kamen Pilger. In St. Leonhard in Abtei wird eine Urkunde verwahrt, die einem Totschläger die Wallfahrt nach Aachen als Buße auferlegte.

391
392

391
Die christliche Welt ist durch die Marienerscheinung in Fatima (1917) und durch die Voraussagen und Geheimnisse gewissermaßen auch in Sorge versetzt worden. Die Fernwallfahrt nach Portugal haben allerdings nicht viele Menschen aus unserer Heimat angetreten.

392
Wallfahrt der Kaiser-Karl-Gebetsliga mit Erzbischof Guido del Mestri und den Erzherzogen Karl Ludwig und Robert von Habsburg im Dom zu Brixen am 3. September 1989

393

393
E i n s i e d e l n, eine vielbesuchte Marienwallfahrt in den Schweizer Bergen

394

394/395
Der Weg ist ein Sinnbild der Pilgerschaft und unseres Erdenlebens. Menschen stehen mehrere Wege zur Auswahl. Dem Christen ist bewußt, daß der steinige Weg zum Heil führt. (Fluren bei Taufers i. Vinschgau und Weg nach Tils)

Verzeichnis der Abbildungen

Literatur
(Auswahl)

Richard Andree: Votive und Weihegaben des katholischen Volkes in Süd-Deutschland, Braunschweig 1904.

Marie Andree-Eysn: Volkskundliches aus dem bayrisch-österreichischen Alpengebiet, Braunschweig 1910.

Dietmar Assmann: Grundzüge einer Wallfahrtskunde von Tirol. In: Mannus 42, 1976, S. 70–88.

Johannes Baur: Volksfrommes Brauchtum Südtirols. (= Schlern-Schrift 192), Innsbruck-München 1959.

Stephan Beissel: Wallfahrten zu Unserer Lieben Frau in Legende und Geschichte, Freiburg 1913.

Olaf Bockhorn: Zur Verehrung der hl. drei Jungfrauen von Meransen. In: Der Schlern 53, 1979, S. 231–234.

Wolfgang Brückner: Zu Phänomenologie und Nomenklatur des Wallfahrtswesens und seiner Erforschung. Wörter und Sachen in systematisch-semantischem Zusammenhang. In: Volkskultur und Geschichte, Berlin 1970, S. 384–424.

Lois Craffonara: Die Wallfahrt der Gadertaler Ladiner nach Säben – Eine Datierung aus sprachwissenschaftlicher Sicht. In: Studien zur romanischen Wortgeschichte, Festschrift für Heinrich Kuen, Stuttgart-Wiesbaden 1989, S. 48–61.

Inge Dollinger: Tiroler Wallfahrtsbuch, Innsbruck-Bozen 1982.

Hans Dünninger: Was ist Wallfahrt? In: Zeitschrift für Volkskunde 59, 1963, S. 221–232.

Josef Anton Falger: Der Pilger durch Tirol oder geschichtliche und topographische Beschreibung der Wallfahrtsorte und Gnadenbilder in Tirol und Vorarlberg, Innsbruck 1846.

Hans Fink: Heilige und Helfer gegen Ungeziefer. In: Der Schlern 40, 1966, S. 343–352.

– : Barfuß auf Wallfahrten. In: Der Schlern 41, 1967, S. 32/33.

– : Verzaubertes Land. Volkskult und Ahnenbrauch in Südtirol. Innsbruck-Wien-München 1969.

Agathe Gaisböck: Über Wallfahrten und Wallfahrtsorte in Tirol. In: Tiroler Heimat XX, 1956, S. 7–27.

Josef Gelmi: Kirchengeschichte Tirols, Innsbruck-Bozen 1986.

Franz Grass: Sakramentsguardien und anderes bewaffnetes Geleite bei Prozessionen. In: Studien zur Sakralkultur und kirchlicher Rechtshistorie Österreichs, Innsbruck 1967, S. 67–141.

Nikolaus Grass: Loreto im Bergland Tirol. In: Jahrbuch für Volkskunde. Neue Folge 2, 1979, S. 161–186.

Karl Gruber: Aubet-Cubet-Guere. Die Wallfahrt zu den hl. drei Jungfrauen von Meransen, Arunda 6, 1978.

Gustav Gugitz: Österreichs Gnadenstätten in Kult und Brauch. Band 3, Tirol und Vorarlberg, Wien 1956.

Friedrich Haider: Tiroler Volksbrauch im Jahreslauf, Innsbruck-Wien-München 1968.

Heiltum und Wallfahrt. Katalog der Tiroler Landesausstellung 1988, Stift Wilten, Abtei Fiecht/St. Georgenberg.

Hans Hochenegg: Wallfahrten über die Landesgrenzen. In: Tiroler Heimat XII. 1948, S. 7–23.

Ludwig von Hörmann: Tiroler Volkstypen, Wien 1877.

Alfred Hoppe: Des Österreichers Wallfahrtsorte, Wien 1912.

Karl Ilg: Brauchtum und Volksglaube im Blickfeld des Beginns der Missionierung der Germanen. In: Volkskultur/Mensch + Sachwelt. (= Sonderschriften des Vereines für Volkskunde in Wien, 3), Wien 1978, S. 197–205.

–: Alter Legendenschatz und Wallfahrtskult in Nordtirol und Vorarlberg. In: Enzinger-Festschrift. (= Schlern-Schrift 104), Innsbruck 1953, S. 71–85.

Karl Albert Irsara: Der Kreuzgang der zwölf Gadertaler Pfarreien nach Säben. In: Der Schlern 51, 1977, S. 68–74, mit Abb.

Rudolf Kriss: Volkskundliches aus altbayrischen Gnadenstätten, Augsburg 1930.

–: Die religiöse Volkskunde Altbayerns, Baden bei Wien 1933.

–: Zur Begriffsbestimmung des Ausdruckes „Wallfahrt". In: ÖZVK 66, 1963, S. 101–108.

Lenz Kriss-Rettenbeck: Bilder und Zeichen religiösen Volksglaubens, München 1963.

–: Ex voto. Zeichen, Bild und Abbild im christlichen Votivbrauchtum, Zürich-Freiburg i. Br. 1972.

Lenz Kriss-Rettenbeck, Gerda Möhler (Hg): Wallfahrt kennt keine Grenzen. Themen zu einer Ausstellung des Bayerischen Nationalmuseums und des Adalbert-Stifter-Vereins, München-Zürich 1984.

Egon Kühebacher: Zur Geschichte der Verehrung des hl. Kreuzes von Innichen. In: Der Schlern 45, 1971, S. 199–208, mit Abb.

Hermann Mang: Die Verehrung des heiligen Kreuzes seit 1900 Jahren. In: Der Schlern 32, 1958, S. 168–188.

–: Von unseren Weihegaben; wie viele längst verschwunden, wie viele noch verblieben. In: Der Schlern 3, 1922, S. 168–172.

–: Menschliche Uranlagen und ihre Entwicklung im Wallfahrtswesen. In: Der Schlern 15, 1934, S. 11–14.

–: Heimatliche Kirchfahrten, Bozen-Brixen 1941.

–: Von unseren Umzügen und Umgängen. In: St. Kassianskalender, 1942 (Brixen) S. 41–77

Hans Matscher: Heilige im Südtiroler Volksleben (= An der Etsch und im Gebirge XX), Brixen 1961.
Oswald Menghin: Gründungsbilder von Wallfahrtsorten. In: Zföst. Vk 20, 1914, S. 14–23.
Leopold Schmidt: Wallfahrtsforschung. In: Volkskunde als Geisteswissenschaft. (= Handbuch der Geisteswissenschaften, Band 2), Wien 1948.
Georg Schreiber: Wallfahrt und Volkstum in Geschichte und Leben. Düsseldorf 1934.
–: Deutsche Bauernfrömmigkeit in volkskundlicher Sicht. (= Forsch. z. Vk, Heft 29), Düsseldorf 1937.
Georg R. Schroubek: Wallfahrt und Heimatverlust. Ein Beitrag zur rel. Volkskunde der Gegenwart. (= Schriftenreihe der Komm. f. ostdt. Volksk. in der dt. Ges. f. Vk. E.V., hrsg. v. Erhard Riemann, Band 5). Marburg o. J., 1968.
Helmut Sperber: Unsere Liebe Frau. 800 Jahre Madonnenbild und Marienverehrung zwischen Lech und Salzach. Regensburg 1980.
Peter Stürz: Der Wallfahrtsort Maria Trens. Südtirols beliebteste Gnadenstätte für Hochzeiten. In: Südtirol in Wort und Bild 22, 1978, S. 11–18, mit Abb.
–: Maria Weißenstein als Wallfahrtsmittelpunkt in Südtirol. Bern-Frankfurt/M., 1981.
Hermann Tschiderer: Das Wallfahrtswesen in Tirol. In: Tiroler Heimat (Begleittexte zum Tirolatlas V) 42, 1978, S. 185–216.
Hermann Wopfner: Wallfahrtsort und Volkskunde. In: Tiroler Heimat IX, 1927, S. 5–19.
Karl Wolfsgruber: Kirchen-, Kapellen- und Altarweihen zur Barockzeit in der Diözese Brixen (1648–1811). In: Schematismus des Säkularklerus der Diözese Brixen, Brixen 1952.

Die Autoren

Hans Grießmair, geb. 1938 in Kiens im Pustertal/Südtirol. 1963–1967 Studium der Volkskunde, Geschichte und Germanistik an der Universität Innsbruck, 1967 Promotion bei K. Ilg. 1967–1968 Univ.-Ass. am Institut für Volkskunde der Universität Innsbruck; Aufbau des Südtiroler Landesmuseums für Volkskunde in Dietenheim bei Bruneck, seit 1976 Direktor ebd., seit 1983 Leiter des Südtiroler Weinmuseums in Kaltern.
Seit 1972 Schriftleiter des „Schlern". 1968 Stipendium der Fritz-Thyssen-Stiftung, 1976 Förderpreis des Kulturwerkes für Südtirol, 1983 Ehrenzeichen des Landes Tirol.

Karl H. Gruber aus Vintl (Pustertal), geb. 1943 in Brixen. Theologiestudium 1962–1967 am Priesterseminar, Brixen; Studium der Kunstgeschichte in München (bei C. Theodor Müller und Wolfgang Braunfels). Promotion 1972.
Seit 1973 Leiter des Kirchlichen Denkmalamtes der Diözese Bozen-Brixen. Förderpreis 1979 des Kulturwerkes für Südtirol. Cavaliere della Repubblica 1982.
Autor des Bildbandes „Kunstlandschaft Südtirol".

Zu diesem Buch – Ein Dank

Zu meinen frühesten Kindheitserinnerungen gehören die Fußwallfahrten von St. Peter in Ahrn nach Heilig Geist und von Leifers nach Weißenstein. Während des Studiums gingen wir mit Kaplan Munter über die Berge zum Eucharistischen Weltkongreß 1960 nach München. Die Lektüre von Büchern über Wallfahrten (H. Mang) und die Liturgie haben mein Interesse am Pilgerwesen geweckt. Das Erlebnis der Kassianiprozessionen in Brixen, der Ladinerwallfahrten nach Säben und der Ahrner in Ehrenburg sind bleibende Eindrücke. Für die Förderung meiner Kunstinteressen danke ich nach meinen Eltern (der Vater starb am 21. Juli 1975; seinem Andenken widme ich das Buch) besonders dem Altbischof Dr. Joseph Gargitter und Generalvikar Dr. Josef Michaeler. Sie haben für mich immer großes Verständnis gezeigt. Ein herzlicher Dank geht an Bischof Dr. Wilhelm Egger, der ein Geleitwort geschrieben hat. Ohne die Hilfe der Wallfahrtspriester und der Kirchenmesner hätte das Buch nicht entstehen können; stellvertretend danke ich Dekan Leo Munter von Brixen (früher Taufers i. P.), Dekan Hubert Unterweger von Mals und Siur Merch Graffonara von La Pli-Enneberg.
Ein Glücksfall für das Buch ist die Mitarbeit von Dr. Hans Grießmair, der Einführung und Bildtexte verfaßt und viele Ratschläge gegeben hat. Dank schulde ich dem Druckereileiter Christoph Mayr, der mit Einfühlungsvermögen und Geduld das Buch mitrealisiert hat.
Landeshauptmann Dr. Luis Durnwalder hat als Landesrat für Landwirtschaft und Forstwesen Hilfe gewährt. Dafür gebührt ihm Dank, ebenso Rag. Konrad Palla, Bozen; Dr. Hans Nothdurfter, Sterzing; Familie Dr. Josef Mahlknecht, Bruneck; Dr. Eckehart Schubert, Frankfurt a. M.; Dr. Marjan Cescutti und Karl Nicolussi-Leck, Bozen; Waltraud und Otto Pizzinini, Abtei; Maria und Martha Reden, St. Moritzen-Taufers; Eduard Scheiber, Brixen u. a. C.
Für technische Hilfe danke ich den Fotofirmen March in Brixen (H. Hofer), Colorservice Rapid, Bruneck (H. Kofler), und Jakob Tappeiner, Lana/Meran; der Fa. Eli Alpi (M. Tacchella) in Bozen und Oberst Giacomo Villa, Verona.
Alle Fotos stammen vom Autor, mit Ausnahme der Nummern: 296: Pater Meinrad; 50: Alberto Piccolruaz, Abtei; 327: Georg von Mörl, Brixen; 368: Hermann Parth, Bozen.
Die Genehmigungen zur Veröffentlichung der Luftaufnahmen lauten:
Concessioni S.M.A. Nr. 135/16. Februar 1987 (Bozen); Nr. 394/17. September 1975; Nr. 230/4. April 1989 (Brixen u. Vinschgau); Nr. 962/15. September 1989 (Pustertal); Nr. 469/1. Juni 1987 (Innichen); Nr. 385/28. April 1988 (Unterland); Nr. 477/15. November 1976 (Val di Non); Nr. 858/21. Juli 1988 (Säben); Nr. 1158/12. Dezember 1986 (Eisacktal); Nr. 596/5. Juni 1989 (Weißenstein); Nr. 1335/30. Dezember 1987.
Die Fotos wurden mit einer Leicaflex 2, M6 und Objektiven von 16 bis 350 mm, mit Hasselblad SWC und Linhof 612 auf Ektachrome 64–800 Asa und Kodachrome PKR 64 gemacht.
Die Diözese Bozen-Brixen (Südtirol) feiert heuer ihr 25jähriges Bestehen (1964–1989). Diese Dokumentation ist mein Beitrag dazu, mit Dank allen Betern und Pilgern gewidmet, denen ich begegnet bin, zugleich ein Gedenken an alle verstorbenen Verwandten, Priester, Lehrer, Freunde und Wohltäter, die ihren irdischen Pilgerweg vollendet haben.

Karl Gruber

Brixen, auf der Kreuzesinsel, am 14. September 1989

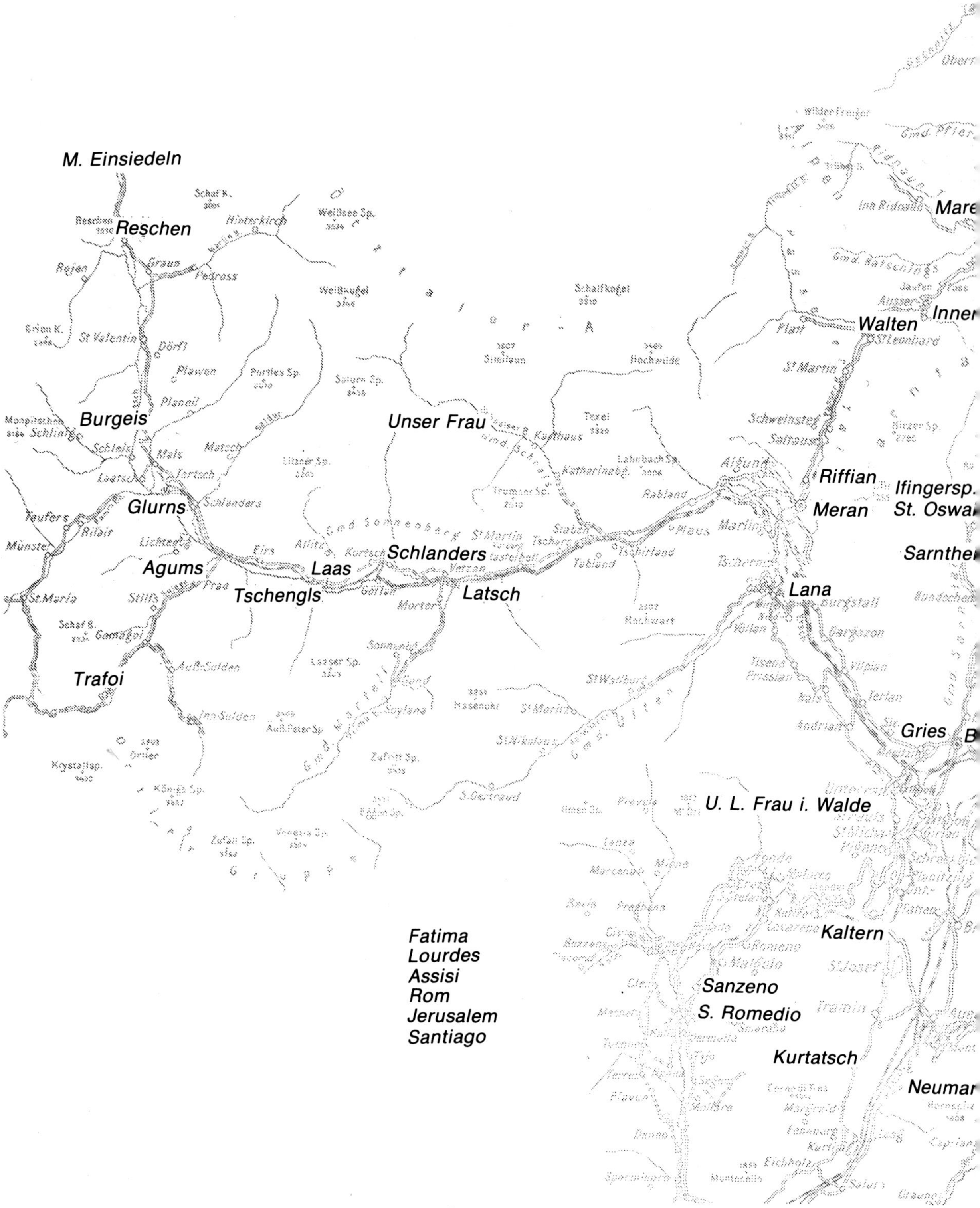
M. Einsiedeln
Reschen
Burgeis
Glurns
Agums
Tschengls
Laas
Schlanders
Latsch
Unser Frau
Trafoi
Walten
Riffian
Meran
Lana
Ifingersp.
Gries
U. L. Frau i. Walde
Kaltern
Sanzeno
S. Romedio
Kurtatsch
Fatima
Lourdes
Assisi
Rom
Jerusalem
Santiago